翻轉學

翻轉學

翻轉學

翻轉學

圖解 最高勝率 手機當沖

一支手機 5分鐘 操作，勝率高達 85% 的技法，股市天天都是你的提款機

劉家誠 Jasper ◎ 著

目　錄

第 1 章　為什麼是手機當沖？而不是電腦當沖？

第 2 章　什麼是現股當沖？

第 3 章　手機當沖方法解析

目 錄

第 4 章　手機當沖實戰邏輯分享

 ## 第 5 章　當沖走入穩定致勝心法

推薦序

想嘗試當沖或當沖不順的人，必讀本書

—— 陳唯泰，仲英財富投資長

　　說到當沖，我猜想每一位做股票的人都會想嘗試或經歷過當沖，原因很簡單，當沖不太需要考慮基本面，也不需要很多本金，講得誇張一點，就是押大（漲）押小（跌）而已。但事實上，當沖其實是有不少技巧的。

　　我在年輕時，也相當熱中當沖，還曾經跟同門師兄弟比賽，看誰當沖連續贏錢的「次數」最多，結果我連贏 17 次，在第 18 次失手了。但我的同門師兄弟更厲害，連贏了 21 次才輸了第一筆，我只能說「人外有人、天外有天」！所以講到當沖，我個人也算是有點了解，懂一點皮毛。

　　我認為，這本書有三個部分很值得推薦給各位讀者：

1. 作者清楚描述了他當年操作當沖面臨到的困難和挫折，毫不保留地跟各位投資朋友分享，讓大家知道「當沖其實不是一件容易的事」，而且「如果沒有好的方法很容易就會賠錢」（這一點很重要）。

　　我認為，作者願意把自己錯誤的經驗做分享，讓未來想要

從事當沖交易的投資朋友，能夠少走一點冤枉路，這是非常難得的事。因為我看過太多人只會吹噓自己有多厲害，而不是赤裸裸地把自己曾經犯過的錯，攤開在陽光下供他人檢視，這會讓人誤以為當沖簡單又沒什麼風險。

2.作者在手機操作及使用上，清楚地跟投資朋友分享，這很棒。因為我相信，仍然是有許多投資人（包括我自己），也許是一些年紀比較大的投資人，對於手機的操作不是這麼熟悉，作者願意用截圖的方式來讓大家明白，可以看出作者的用心。

3.在這本書的後半段，作者花了一些篇幅討論「投資的心理」。基本上我認定，這不僅是當沖投資人或波段操作的投資人需要建立的觀念，就連保守的投資人也必須了解。畢竟我們不可能把把贏，也不會每一筆操作都賺錢。尤其是當面臨到了虧損，如何能夠讓內心不受到干擾，或是當面對獲利時，如何能夠保持沉穩，這些是所有投資人都必須修習的功課。

綜合來說，我認為，對於想要了解當沖，或是在當沖操作的路上，走得不是很順利的投資朋友，這是一本可以拿起來好好閱讀的投資書。

一支手機 5 分鐘操作，月入 15 萬

多年來，由於物價飛漲，薪水跟不上物價，大家都想盡辦法靠兼差賺取多一份收入，或是尋找其他管道來生財，因此「斜槓」一詞已成為主流，時常聽到不少人在討論，也是許多人追求的身分。然而，「手機當沖」也可以當作是一種斜槓。

股票，是大眾熟知的投資工具，也是開啟我追逐更多收入的開端。

七年前，我還是上班族，剛接觸到股票時，對股票市場充滿好奇與熱情，每天下班就是研究財務報表、基本面、技術分析、籌碼流向，每天收看理財分析節目，研究股票到半夜。在幾次新手運的波段操作獲利後，自己的野心膨脹了不少，覺得用自己的資金操作速度太慢，開始冒出想一夕致富的念頭，因此跟銀行信貸一筆錢，加上自己的本金大概 100 萬元的資金，一次投入股

市，還利用融資[＊]操作，但由於交易經驗不足，也沒有正確心態和紀律，資金在不到一年時間內慢慢流失，最後只剩下 10 萬元的本金，努力工作 3 年的心血像付諸流水，一切都沒了。

許多散戶看到我的經驗，多少都心有戚戚焉吧！不少人因此退出股票市場，而我當時也想過。

在台北辛苦工作賺來的錢都賠在股市上，看著同事討論出國的行程、下班後去吃大餐，雖然有點羨慕，但自己還是沒放棄股票交易的機會，犧牲大部分的娛樂，專注在學習股票，縱使沒有得到應有的報酬，我還是不斷告訴自己前兩年的學習過程不會白費。接下來的日子，靠所剩無幾的存款和每個月的工作收入支撐每個月的開銷、銀行的信貸，還有持續在股票市場上的堅持。

在一次的操作，我買進力銘（3593），是一支低價沒什麼成交量的股票，在連續買進時我發現成交價格不一樣，前幾張委賣的第一檔掛單買完後，接下來只能買在更高的價格，當下我發現了股票漲跌的買賣基本規則，也就是「五檔、成交明細」，進而接觸到當沖，開啟了我學習手機當沖的旅程。

第一年的手機當沖學習之旅，我跌跌撞撞，研究各式各樣的當沖方法，每個月薪水扣掉開銷，剩下的收入都投進學習手機當沖，總共賠了 23 萬元。繳了一年的學費，終於在第二年慢慢找到了跟上班取得平衡的當沖方法，每天交易 5 到 20 分鐘，而且

＊ 跟券商借錢買股票，如果融資成數為 6 成，券商出 6 成資金，買方只需要出 4 成資金。

只操作早盤 9：00 ～ 9：30，損益漸漸達到兩平，第三年開始穩定獲利。一個月交易日有 20 天，獲利 16 天，勝率高達 85％，至今平均每天當沖的獲利約 5,000 到 20,000 元，每個月可以從市場上賺取 6 萬到 15 萬元。手機當沖第四年的獲利加上正職的工作收入，年薪已經突破 200 萬元。

由於我的堅持，還有我自己對當沖的熱情與自律，因此才造就現在的我。2018 年，我在教學平台 PressPlay、臉書粉專和 YouTube 成立「Jasper 的手機當沖世界」，希望能幫助當沖新手找到獲利方法與紀律。

第 **1** 章

為什麼是手機當沖？
而不是電腦當沖？

手機已成為生活中
不可分割的一部分

　　10 年前，智慧型手機開始崛起，多了許多傳統手機無法做到的功能，使得智慧型手機慢慢取代傳統手機，也逐漸成為每個人不可或缺的必需品。

　　念研究所時，我買了第一支智慧型手機，當下我發現一支手機可以做很多以前要有電腦才能做的事，例如：收發信件、用通訊軟體聊天、觀看影片、上網搜尋資料、導航、購物……。尤其近幾年，智慧型手機更是成為生活的一部分，如影隨形。

　　根據台灣證券交易所統計，台股整體市場電子下單成交筆數屢創新高，光是 2020 年 5 月單月比例，首度突破七成大關，達到 70.43％，民眾習慣網路、手機等電子式下單，隨著電子式下單介面簡單易操作，年紀較長的資深投資人也早已適應網路下單模式。我第一次買賣股票就是用手機下單，甚至接觸當沖時，也都是用一支手機做操作。

　　由於我上班的公司有資安控管，使得工作的電腦無法安裝下單軟體，所以平常只能用手機進行股票交易，我相信很多人都跟

我一樣。雖然手機當沖無法像電腦一樣開多個視窗，一次看很多資訊，但手機當沖具有幾個優勢：

便利性

現代人日常生活中不離身的物品就是手機，不管你在工作、吃飯、聚會，甚至旅行，你都會隨身攜帶手機。7-11 或全家之所以會被稱為便利商店，就是因為隨處可見又方便。手機，你也會隨時帶在身邊。

即時性

以往的股票當沖交易大部分都是用電腦操作，你得坐在電腦前，不論是筆記型電腦或桌上型電腦，一旦離開座位便無法看盤交易。有時，短線交易獲利的機會是突然出現的，如果你能即時用手機馬上進場操作，就能隨時隨地即時手機當沖交易。

不受地域限制

2018 年，我到日本旅行，記得在富士山河口湖附近拿起手機，看到了進場機會便開始手機當沖，完成了第一次在國外當沖台股的經驗。

2019 年，我被指派到中國昆山出差，為期 10 天的出差之旅，每天利用 10 分鐘的工作空檔，手機當沖操作了 8 天，獲利六萬

多，足足是出差費的 3 倍。

也就是說，只要有穩定的網路、有手機，台股交易日就能隨時隨地操作。

手機當沖高勝率的學習小技巧

手機當沖的三大優勢：
1. 便利性
2. 即時性
3. 不受地域限制

股票交易的前兩年，負債循環的日子

　　取得資訊管理碩士學位，服完兵役後，我的第一份工作是在內湖某間科技公司，早上 9：00 上班前，我會吃完早餐，準備好一杯咖啡來迎接股票市場的開盤，邊工作之餘也會邊跟同事討論股票。

　　剛接觸股票時的日子，天天下班後就開始研究技術分析、指標、收看財經節目，充滿了熱情卻無法穩定獲利，波段操作慢慢過去把學生時期到工作期間辛苦存的積蓄 20 萬元賠光，甚至跟銀行借貸，讓自己處於負債的循環。

　　2014 年，台股八千多點，是我第一次接觸股票的時間。當時的股市樂觀，我也因為把當時公司分紅的股票賣掉而獲利。2015 年，我把自己身上的積蓄 20 萬元全部投入到當時看好的一支股票奇力新（2456），由於當時這家公司的基本面良好、也不斷有利多的新聞消息，短短兩週，我就賺了五萬多塊，獲利超過 25%，讓我當時天真的以為自己可以靠股票翻身，沒想到接下來的日子有如做惡夢般連夜來襲。

2014 年到 2015 年，靠股票波段操作賺了近 10 萬元，接下來野心放大後，跟銀行信貸了 80 萬元，加上自己的本金 20 萬元，100 萬元的現金再搭配融資操作，每一次的進場都是全壓，把槓桿風險開到最大。一次又一次都是在接近斷頭*時出場。2015 年底，資金賠到只剩下 20 萬元。當時，每個月光是繳房租、生活費和信貸，薪水所剩無幾，完全無法存錢，因此進入了負債循環的無底洞，但自己還是沒有放棄股票交易。

回想起第二年股票交易失敗的主要原因有兩個：

信貸並融資交易

信貸借錢投資股票，對有交易經驗的人來說，是非常危險的。你會有每個月要還款的本金壓力，還有輸不得的心理層面障礙，導致你的股票操作無法正常進出，如果再加上融資做交易，更是把槓桿風險開到最大，更不可能穩定獲利了。

沒有一套系統性獲利方法

多數散戶常常看新聞有什麼熱門的題材標的，或是財經節目推薦哪檔股票就進場買進，買在最高點是家常便飯，也沒有在進場時就預設好停損與停利，導致進出場都沒有依據，最終面臨不斷虧損的窘境。

---

* 券商借錢、借股票給你，若股票與你預期的方向不同，快要損失到券商成本時，券商可強制叫你補錢。兩天內未補錢，強迫賣出股票，稱為「斷頭」。

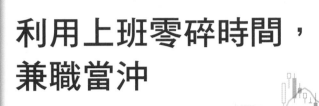

利用上班零碎時間，
兼職當沖

在剩下 20 萬元本金的狀況下，我已經失去了股票交易的信心，對於進場買進股票充滿畏懼。每月固定的支出，讓我無法再把剩餘的資金全部投入股市，接下來我開始接觸低價股，理解了五檔、成交明細的漲跌原理，在一次的買進某檔股票後，盤中接近漲停，因為有留倉的風險經驗，因此詢問營業員能否當天賣出，才知道原來股票可以當天買賣，因此開啟了我的當沖之旅。

接觸當沖後，我發現，當沖初期有兩個階段都是讓人初嚐甜頭，再讓人吃盡苦頭：

做多強勢股

一開始接觸當沖，通常會下意識想買進強勢股，放 1 到 2 小時後賣出，發現這種不用本金就能獲利的模式後，自己的野心也慢慢放大，但做多強勢股 10 次可能有 6 次都是虧損。你看到開盤強勢的股票，就會以為會漲停，因此進場做多，但通常拉高到快漲停，就會再慢慢下跌。當做多虧損時，你就會找許多理由來

支持你繼續凹單 *，例如：營收大幅成長、昨天新聞報導外資目標價多少、籌碼很穩定……，但往往是主力出貨的原因，因此容易導致大賠。

放空前一天隔日沖券商的標的

　　在發現做多強勢股的勝率不高的情況下，開始研究放空，然後鎖定前一天有隔日沖 ** 券商進場的標的來放空，某些特定的券商喜歡在強勢股接近漲停時，大量買進鎖住漲停，然後隔天開高賣出，所以有特定券商鎖漲停的標的，隔天都有一定的機率出現賣壓下殺，但不是每一次都如此。

　　賺了幾次、賠了幾次之後，發現這種操作模式心理層面會很痛苦，常常在股價高點放空，隨時面對被鎖漲停的風險，強勢股鎖漲停如果隔天依舊強勢，有一定的機率隔天會再鎖一次漲停，當你預設它隔天一定會下跌時，就面臨可能會凹單的風險，最終還是遇到了被鎖漲停的意外。

　　我拿 20 萬元本金操作當沖，賠到剩下 10 萬元時，我開始冷靜思考，如果不願意放棄當沖的話，要怎麼跟正職工作取得平衡。當沖交易進場後，等待時間超過 30 分鐘，這段時間你是無

---

* 已經跌破你原本設定的出場價，照理來說要把股票賣掉停損，但你不服輸反而繼續抱著。
** 當天買進股票，隔天賣出。

法專心工作的，當你的操作時間拉得更長，更會影響到正職工作，最後導致兩面皆輸的局面，因此我思考如何讓手機當沖跟工作平衡，我找到兩個方法：

1.縮短操作時間

2.只在股票市場漲跌幅最大的期間操作

也因為工作的因素，無法在電腦上交易，所以我只能用手機來進行當沖。早上 9：00 台股開盤，大部分的同事都剛到公司沒多久，多數都還在吃早餐、聊天⋯⋯，卻是我每天早上操作當沖的時間。

兼職當沖最怕的就是，進場的當下突然有急事（同事或主管找），因此**挑選特定時段做當沖，並縮短當沖時間是兼職手機當沖最重要的事**。

手機當沖高勝率的學習小技巧

讓手機當沖跟工作平衡的方法：
1. 縮短操作時間
2. 只在股市漲幅最大的期間操作

手機當沖初期遇到的瓶頸

　　我相信，很多剛接觸當沖的初學者都有嚐到甜頭的經驗，就以為當沖賺快錢相當容易。接下來，會開始放大倉位、虧損不認輸凹單、獲利不停利而放到賠錢，甚至到最後幾乎賠光了本金，才會開始反省找方法，如果你能在離開市場前學到正確的當沖方式，才有機會慢慢邁向穩定獲利的節奏。

　　學習當沖的初期，我的薪水扣掉固定開銷，每個月約有 2 萬元練習當沖，但幾乎都賠進股市裡，勝率不高的情況下，常常賺一天賠一天，賺的金額小於賠的金額，因此月結算都是虧損的。在日復一日的操作，測試和研究了各種當沖方法，如：K 線、指標、內外盤比……，這些技術指標還是無法穩定獲利。最主要的原因是因為技術指標是屬於比較偏趨勢的應用，以當沖來說，最重要的還是進場點位，技術指標可以拿來輔佐趨勢判斷，但比較不適合極短線的當沖。

　　很多人接觸到當沖是因為自己的資金不足，逼不得已只能做當沖。因為在不需要本金可以進行交易的金融商品，只有當沖，但越低交易成本的往往風險更高。在不需要本金交割的情況下，

人性往往會操作自己無法承受的範圍，因此暴露在隨時大賠的風險。例如：你在吃到飽餐廳，常常都會吃下超過平常食量好幾倍的食物，往往身體就會無法負荷。當沖也一樣，你每次的進場操作只要支付少少的手續費與證交稅，就能交易非常大量的股票張數跟額度，所以很容易會失控。在這種情況下，其實不太可能穩定獲利，甚至會越賠越多。

由於每個月扣掉固定開銷的薪水，就是我每天練習當沖的資金，因此長期處在資金少、沒有退路的情況下，強迫自己先遵守三項紀律：

不能遇到大賠

先評估現階段自己能承受的股票張數與額度，例如：我一天的虧損容忍範圍約 2,000 元，我的停損設定約 0.5％，如果我一天的交易次數平均是 2 次進出，那我每次的成交額度就會設定不能超過 10 萬元（20 元的股票一次只能進場 5 張），這樣連續虧損兩次的金額約 2,000 元。

不能凹單

強迫自己不帶情緒的隨時認錯，達到虧損設定價位就果斷停損不能猶豫。

只操作早盤 9：00 〜 9：30

　　這段時間是平均台股量能與漲跌幅波動最大的時段，強迫自己只操作這段時間，不僅可以不影響之後的工作，也能訓練自己言行如一的紀律。

　　學習當沖的初期，最重要的是培養紀律與找到自己能獲利的方法，然後重複練習，當你有自己的一套進出場操作系統且避免大賠，慢慢月損益就有機會轉正。學習初期也是練好紀律的最佳時期。

📶 手機當沖高勝率的學習小技巧

初學手機當沖，要遵守三項紀律：
1. 不能大賠：評估現階段自己能承受的股票張數與額度
2. 不能凹單：達到虧損設定價位就果斷停損不能猶豫
3. 只操作早盤 9：00 〜 9：30：不影響之後的工作

心存僥倖，
招來毀滅性的失敗

在學習當沖的過程中，非常容易遇到低潮，短線交易的學習過程會不斷經歷失敗。

學習當沖的第一年，我接觸到放空股票（見第 2 章），也開始研究籌碼，發現台灣有某些券商，甚至外資喜歡做隔日沖，尤其接近漲停的股票特別吸引他們，因為只要鎖住漲停，隔天開高的機率非常高，人性都是喜歡追買強勢股，隔天如果開高就能順利獲利出場，甚至持續強勢就能再鎖一次漲停，萬一隔天沒有開高，隔日沖券商也會很有紀律地出場。

我在某幾次的操作在前一天，尋找有隔日沖券商鎖漲停的股票，隔天放空它而獲利，因為這種被隔日沖券商介入的股票常常開高走低。原本以為自己真的找到當沖的必勝方法了，以為自己即將透過當沖，快速把之前賠的錢賺回，殊不知卻迎來了學習當沖過程中，遇到最大的一次挫折。

當沖第一年的某天交易日，前一天研究有大量隔日沖券商鎖漲停的標的佳凌（4976），心理預設了跟之前放空的劇本，一

樣會開高走低。隔天開盤時，佳凌如期走高，這時我進場放空，但大盤強勢的情況下，佳凌並沒有走低反而持續拉抬，由於我太堅持自己的預設立場，導致不願意停損，在漲幅約 8％ 時，委賣的五檔掛了非常大量的掛單，看起來賣壓非常大，篤定認為不會再鎖漲停。

　　結果，意外在 2 分鐘內發生，佳凌（4976）在 2 分鐘內突然大量的買盤進場，鎖住漲停，當時用現沖的方式被鎖了 10 張的空單。委託買進的掛單越掛越多，空單要買進回補的時候只能跟著排隊回補，如果收盤後，還沒有回補完成，就必須跟別人借券 *。被鎖漲停的當下，我腦筋一片空白，當時戶頭剩下不到 5 萬元，後天卻要交割四十幾萬，如果後天無法支付交割款項，就會面臨違約交割。

　　如果違約交割，就會面臨兩項法律責任：

1. 民事責任：券商可以跟客戶收違約金，最高可收成交金額的 7％。

2. 刑事責任：違約交割之情節重大，致足以影響市場秩序者，面臨 3 年以上至 10 年以下之相關刑責。

　　違約後帳戶會被凍結，若持續未結案，以後券商也可拒絕投資人申請開戶。

---

* 借券費用大概 7％ 的股價。

　　從學生到出社會的教育，我都是一步一腳印的學習、成長，從沒有想像過自己會經歷到這樣的事，在不敢跟家人講的情況下，營業員建議我找代墊款業者[**]協助處理這筆失誤的交易，這筆交易的借券費加上虧損總共賠了六萬多，也徹底敲醒了我。

　　原來當沖交易不能心存僥倖，跟做任何事都一樣，只要心存僥倖就有可能招來毀滅性的失敗。那次找上代墊的大賠讓我休息了好幾天，每天都在思考著為什麼自己會犯下這種錯誤，但自己仍沒有放棄當沖，幾天後又重新繼續操作。這次事件讓我對當沖交易的認知更加嚴謹，真正認識到，**當沖是一門難度極高，且非常要求紀律的交易行為。**

　　每個人在遭遇失敗最重要的是，要知道自己失敗的原因，進而修正。臉書創辦人祖克伯 （Mark Zuckerberg）曾說：「嘗試一些事，遭遇失敗後從中學習，比你什麼事都不做更好。」

[**] 代墊款業者俗稱「地下證金公司」，專門協助處理股票交割款不足等事件，比較資深或有經驗的營業員都有其聯絡管道。

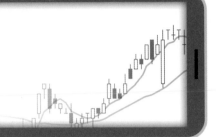

讓手機當沖跟
工作取得平衡

　　對於現今物價飛漲的社會來說，兼職已經非常普遍，每個人都想學習其他的一技之長來幫自己創造額外的收入。

　　剛出社會的我感受到薪水的成長趕不上房價、物價的飛漲，開始思考著如何創造第二份收入，直到接觸到股票交易。

　　我對股市充滿熱情，尤其是當沖交易。

　　雖然股市是無法預測的，不會每天按照自己的規劃走，但如果能縮短操作時間從原本的 1 小時縮短到 30 分鐘，甚至 20 分鐘或 10 分鐘、5 分鐘內，那就可以讓當沖跟其他工作取得平衡不互相干涉。

　　台股從早上 9：00 開盤到下午 1：30 收盤，股票起伏最大的時段會落在 9：00 到 9：30 之間，很多人這段時間不太敢進場不外乎以下幾點原因：

　　1.時間太短看不出強勢或弱勢

　　2.漲跌幅的速度太快不知道怎麼進出場

3.前一天做了預設價位，沒達到條件無法進場

如果你能理解五檔、成交明細的因果關係，快速抓到進場點。

如果你能知道如何透過手機設定來當沖操作。

那就有機會能在早盤穩定獲利。

因為工作的關係，我開始研究用一支手機當沖交易，想辦法能在早上9：00開盤後進場，快速出場完成交易，然後繼續上班。

慢慢找到方法後，開始不斷練習，每天早上9：00開始手機當沖，9：30前結束交易，然後可以心無旁騖專心上班，我找到了操作與正職的平衡。

一支手機當沖交易第三年，我的獲利開始穩定，每個月當沖獲利數萬元加上正職工作的薪水已經超過10萬元，第四年賺回之前所有的虧損，第五年開始在網路上分享手機當沖交易，並教學到現在。

第 **2** 章

什麼是現股當沖？

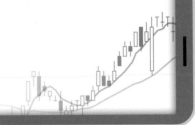

當沖的基本知識

　　當沖（當日沖銷），是在一天內針對同一件投資標的透過一買一賣、一賣一買的方式，達成沖抵、結清、註銷交易的行為。

　　可以現股當沖的時間是，上午9：00～下午1：30的普通交易時段。

　　先賣後買、先買後賣同種類、同數量之有價證券進行當日沖銷交易，若買進、賣出未及於下午1：30前進行賣出、買回回補，須於盤後定價交易時段（下午2：00～2：30）進行當日沖銷交易。

　　例如：當你在早上9：30買進友達（2409）5張，10：00時賣出5張，一買一賣的沖銷動作即完成當沖交易，後天就不需要補5張友達的交割款。當你在9：30買進友達5張，在下午1：30前如果尚未賣出那就只能在盤後定價交易時段（下午2：00～2：30）進行當日沖銷交易。

　　需要符合哪些條件才可申請現股當沖資格？

1. 未開立信用交易戶，須符合**開立受託買賣帳戶滿 3 個月，且最近一年內委託買賣成交達 10 筆（含）以上；且須簽署應付現股當沖券差借貸契約及現股當沖同意書。**

2. **已開立信用交易戶，須簽署應付現股當沖券差借貸契約及現股當沖同意書。**

雖然當沖不需要本金，但由於風險相對高，因此建議準備一小筆資金，如果有虧損，就必須在交易日隔 2 天結帳。

假設今天在週一當沖賺了 1,000 元，那獲利就會在週三入帳 1,000 元；反之虧損 1,000 元就會在週三扣款 1,000 元。

哪些股票不適合當沖？

除了被證交所列為處置的股票或有問題的公司，其他高達 90％的股票都能進行當沖交易。

當一檔股票觸發了一些交易異常的條件後，會被列為注意股票（此時還是能進行當沖交易），會觸發注意股票的條件如下：

- 30 個營業日的收盤價漲幅百分比超過 100％
- 60 個營業日的收盤價漲幅百分比超過 130％
- 90 個營業日的收盤價漲幅百分比超過 160％
- 最近 6 個營業日（含當日）累積的收盤價漲跌百分比超過 25％
- 當日週轉率 10％以上

- 最近 6 個營業日（含當日）的累積週轉率超過 50％
- 本益比為負值，或達 80 倍以上
- 股價淨值比達 8 倍以上

當股票多次觸發了注意股票的條件，此時股票即會被列為警示股票，警示股觸發條件如下：

- 10 個營業日裡，有 6 個營業日達到注意股標準
- 連續 3 個營業日達到注意股標準
- 30 個營業日裡，有 12 個營業日達到注意股標準

觸發警示股票標準後，就會被列為處置股票。當股票被列為處置股，就會限制信用交易，改成人工管制撮合的方式。

若想要了解，股票被列為注意股或處置股的詳細原因與詳細資訊，可參考以下：

台灣證交所公告注意股票：https：//www.twse.com.tw/zh/page/announcement/notice.html

台灣證交所處置股票查詢：https：//www.twse.com.tw/zh/page/announcement/punish.html

現股當沖交易成本

交易成本分為兩種：

1.給券商的手續費

2.給政府的證交稅

2017 年，當沖未降稅前的稅率是 0.03％，在現行當沖稅減半（0.015％）情況下，如果你本來手續費為 3 折進行一次現股當沖交易成本為：

0.1425％ × 0.3 × 2 + 0.3％ ÷ 2 = 0.2355％

只要看準走勢，做對方向 0.24％，就能賺錢。

例如：170 元的股票，在當沖稅減半之下，手續費為 3 折，當你在 170 元買進 1 張，170.5 元賣出 1 張就可以獲利 98 元。如果在未降稅之前這樣的操作是虧損 158 元。

項目		手續費與證交稅	損益
當沖稅減半	買進	手續費： 170 元 × 1,000 股 × 0.1425% × 0.3=74	500-（74+73+255） =98
	賣出	手續費： 170.5 元 × 1,000 股 × 0.1425% *0.3=73 證交稅： 170.5 元 × 1,000 股 × 0.15% =255	
當沖未降稅	買進	手續費： 170 元 × 1,000 股 × 0.1425% × 0.3=74	500-（74+73+511） =-158
	賣出	手續費： 170.5 元 × 1,000 股 × 0.1425% =73 證交稅： 170.5 元 × 1,000 股 × 0.3% =511	

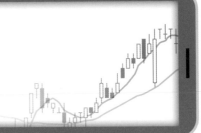

現在是最適合當沖的投資環境

　　2017 年 4 月 28 日，台股實施「現股當沖」證交稅減半課稅措施，將當沖交易的證交稅稅率，從原本的 0.03％降為 0.015％。原本預計實施一年至 2018 年 4 月 27 日，但因為此政策不只活絡了股票交易市場，也為國家的交易稅帶來不少的收入，因此該項措施確定會延長至 2021 年 12 月 31 日止。我甚至認為 0.015％的稅率可能會在台股變成常態。

　　過去，在當沖稅率 0.03％的環境裡，當沖占整個股票交易市場只有約一成，實施稅率減半到 2020 年為止，當沖交易占股市交易近四成的占比。另外，當沖交易稅率 0.015％相較其他先進國家仍屬偏高，且目前台灣當日沖銷比重雖然增加不少，但還未追上其他先進國家。美國、日本與德國未課徵證券交易稅，此三大國家的交易市場之當日沖銷成交金額占市場比重是比較高的（美國 49％、日本 45％、德國 40％）。

　　2017 年，是我學習當沖的第二年，當沖稅率減半實施後，我的感受非常深刻，每天的當沖操作虧損減少了，獲利增加了。我發現，由於交易成本降低，我的操作反而有了明顯的進步，過

去常常是虧損的交易，在降低成本後變成獲利，操作勝率也因此大幅提高。

如果你把當沖當作是開店創業來經營，當沖降稅就像是你開店的租金減半一樣，假設你原本的店面租金是 2 萬元突然變成 1 萬元，那你的獲利一定會突然拉高，也更能讓你有空間思考其他的經營策略，讓營運擴大，當沖也是一樣，成本降低後就能優化自己的交易策略，因此讓每個月的獲利增加。

2020 年，受到新冠肺炎疫情的影響，導致股票市場更加動盪，常常一個國際事件或國家政策就能讓股市更加無法捉摸，大漲大跌已是常態，不少人今天買進隔天就得停損出場，也讓原本操作波段的持股交易員轉向操作當沖。

當新冠肺炎疫情趨緩，整體經濟會再度復甦，可以預期股市成交量將再創新高，伴隨著有更大的漲跌幅波動，也宣告著當沖操作的熱度將會不減反增。

我常常在公眾場所看到大家拿起手機在看股票，甚至是開盤時間在咖啡廳、早餐店都能看到用手機做股票交易。2019 年的某一天平日早晨，我到咖啡廳買了一杯咖啡，坐在一個無線網路訊號不錯的角落，等待著早上 9：00 股市開盤，我拿著手機邊喝著咖啡，開始我的手機當沖。

跟往常差不多，在早上 9：30 前我操作了 3 回合，獲利 7,600 元，已經達到每日獲利目標，我起身準備上洗手間。在行走過程中，我瞄到某一桌的客人也拿著手機，正在做股票交易，於是我

走過去跟他攀談。

我說：「你好，你也有在操作股票嗎？」

對方答：「對啊，正在看盤。」

我接著問：「你有用手機當沖過嗎？」

對方很驚訝的告訴我：「手機可以當沖嗎？感覺很酷。」

接著，我稍微跟他講解一下操作原理跟實戰要注意的地方，然後回到座位喝完咖啡。

手機當沖，不是一個全新的交易行為，但順應著行動市場趨勢與無線網路的迅速發展，會越來越多人用手機來執行便利生活上的大小事，越來越多的金融商品，甚至是貨幣也都能透過手機來執行交易。

手機當沖，會慢慢由少數人的興趣然後轉變成專長。在這個網路無所不在，手機無所不在的世界裡，你的身邊會越來越多人在操作手機當沖。

顛覆當沖的刻板印象

任何的金融商品交易行為，都有賺有賠，股票當沖也一樣。

股票交易對於大部分偏保守的長輩眼中，是一個有風險、難度高的投資行為，尤其是短線交易的當沖。

我學習當沖的第一年，摸索各式各樣的當沖技巧，這一年也是穩定虧損的一年。當你全心投入在學習某個領域時，你無法不讓周遭的人覺察這件事。股票交易的第四年，也是我學習當沖的第二年，家人得知了我在股票市場賠了不少錢，他們希望我能遠離股票交易，並限制了我每個月的開銷，扣掉信貸、車貸和強迫儲蓄 1 萬元，當時我每個月的可支配金額只有 6,000 元（比我念大學時的生活費還少），那段時間是我奠定當沖紀律與逆轉家人對股票當沖的刻板印象。

因為每天都有不能大賠的壓力在，因此開始珍惜小賺，只要每個月能在股票市場提款 5,000 元以上，我的生活開銷就能無虞。慢慢地，第二年的每月固定付貸款加儲蓄，並每個月固定用當沖賺取 2 萬元的收入，家人從一開始的擔心到後來的尊重。過

程中取決於你自己怎麼看待當沖交易。在經歷過大賠與嘗試各種當沖方法之後，我開始有紀律、有計畫地執行手機當沖。

每個月固定一筆不影響生活的金額來操作手機當沖。

每天固定花 5 到 10 分鐘來操作手機當沖，然後不影響正職工作。

在日復一日用有限的金額與時間來練習操作時，我發現自己更加珍惜每一次的操作機會，更加慎重的看待每一次進場，也慢慢地在當沖第三年開始累積更多的財富。

2020 年 3 月，疫情爆發導致股市重挫下跌，我身邊不少長輩、親友因為股票持股的虧損讓生活痛苦不堪，甚至不少人因此出清持股或認賠離開市場。

那段時間，股市每天劇烈波動，但由於我保持良好的操作紀律，加上高勝率的當沖技術，讓我 2020 年的獲利更上一層樓，周遭越來越多人來向我學習當沖，越來越多人真正了解當沖交易的本質。不需要冒著隔夜漲跌的風險，不需要準備本金留倉，完整詮釋了「今日事、今日畢」的操作準則。

2019 年某天，我在臉書收到一位親戚的訊息：「我看到你在網路上分享的手機當沖，我本身也有在做股票交易，也接觸過當沖，但覺得很難，有機會一起吃個飯，再跟你請教一下當沖交易。」

於是，我跟親戚約了某天平日的下班時間，一起吃晚餐。

當時，親戚問：「你平常都要上班，你是怎麼做當沖交易的？」

我回答：「我一天只抓工作空檔操作 5 到 10 分鐘，然後用手機當沖，所以不影響工作。」

親戚非常驚訝地回答：「他以前在看股票常常就是看了一整個上午，花了非常多時間。」

我接著回：「我操作當沖已經兩年，也穩定獲利超過兩年，在網路上分享手機當沖才慢慢被大家看到，然後找我學習。」

看著親戚疑惑的眼神，我拿起手機，放了幾部我自己錄製的手機當沖實戰影片給他看，他心中的疑惑才慢慢解開。

2020 年 4 月，全球肺炎疫情延燒，我毅然決然的選擇辭去軟體工程師的職務，看似衝動的抉擇卻是我心中衡量已久的決定，我還有更多的興趣與專長想發揮。我運用自己軟體開發的專業，結合股票市場的操作經驗，與另一位我的學生文清合作，創辦了行動覆盤軟體系統與 LINE 機器人自動提醒的先行者系統，協助更多人當沖操作，把興趣結合專長再實現教學價值，周遭的親人、好友也慢慢從尊重到支持我專注的當沖領域。

各行各業都有熟練與精通的專業人才，直到現在我仍然持續在股票市場上精進自己，不斷實戰，不斷累積經驗，創造更多的價值。

當沖不是賭博，
是種專業的技術

　　對我而言，當沖交易是一種風險極低的交易行為，由於不必冒著隔夜留倉的風險，只要是隔夜留倉的庫存，都有可能隨時因為某個國家政策或國際事件，而讓你的庫存不是放大獲利，就是放大虧損，也不用忍受隔夜留倉的股價波動影響心理，當天完成交易，當天獲利了結。

　　世界上任何的金融交易，只要不是100％保證獲利，其實都能視為賭博，就算是把錢存在銀行都有可能因為特殊政策，或災難事件導致虧損。

　　關鍵在於，你自己如何看待當沖交易。

　　2020年，新冠肺炎肆虐，導致台股5月份大跌，當時不少投資者因此大賠而離開市場，而我在台股大跌的情況下，還能穩定獲利，甚至放大獲利，因為我的當沖在市場有大波動時更能增加獲利，2020年，我的當沖獲利突破200萬元。

　　你是否曾經看過新聞報導，某檔標的營收成長，而隔天當沖做多而賠錢？因為新聞也是人寫出來的，有多少人比一般接收新

聞訊息的散戶先知道消息，有多少法人委託新聞出利多新聞稿，這些新聞很多都是法人用來出貨用的。

　　你是否曾經前一天研究了一堆技術分析指標，然後隔天當沖預設立場而賠錢？因為預設立場隔天很容易會帶情緒去操作當沖，當面臨虧損時預設立場的凹單心魔就會浮現，這時候就會很容易大賠。

　　運用正確的當沖學習方法，耐心等待進場訊號出現才交易。

強勢股拉回止跌，才進場買進做多。

弱勢股反彈無力，才進場賣出做空。

　　長期讓停利大於停損，你也有機會把當沖變成興趣，最後變成自己的專長。

📊 手機當沖高勝率的學習小技巧

當沖不躁進，耐心等待進場訊號：
1. 強勢股拉回止跌，才進場買進做多
2. 弱勢股反彈無力，才進場賣出放空

當沖的風險與觀念

　　政府實施當沖稅減半的政策後，台股興起了當沖的熱潮，無本當沖的話題吸引了很多接觸股票交易的人，但現股當沖真的不需要本金嗎？

　　市場上，沒有穩賺不賠的交易手法和商品，更何況是不需要本金交割的現股當沖獲利難度一定是更高。只要你是在一天的交易日內進行「買進、賣出」或「賣出、買進」的動作，那麼交易日的後天（T+2）就不需要準備資金交割股票，但任何的交易都有賺有賠，如果你當天的當沖交易是虧損的，那後天你就必須準備虧損的金額來扣款。

　　所謂無本當沖的意思是，不需要準備這檔股票的本金來進行當沖交易，例如：你買進 20 萬元的股票在一天的交易日之內賣出 20 萬元的股票，後天就不需要準備 20 萬元的交割金，但你有可能會虧損，所以還是要準備資金隨時面對虧損。

　　除了要確認股票是否有開放信用交易能進行當沖，如圖 1 右上角的買賣現沖必須都顯示黃色，還要避免兩大類別的股票。

下單		委回	成回	庫存
商品	3217	優群	買賣現沖	🔍
交易	整股	盤後	零股	
種類	現股	融資	融券	
條件	ROD	IOC	FOK	
類別	限價	市價	取價 ∨	
買賣	買進	賣出	1單位 1000股 ⓘ	
單位	1	−	+	
價格	115.5	−	+	

14:30:00	115.50	-1.50	6 張
13:30:00	115.50	-1.50	159 張
13:24:58	115.50	-1.50	2 張
13:24:57	115.50	-1.50	5 張
13:24:51	115.50	-1.50	1 張

買			賣
22	115.50	116.00	6
L 82	115.00	116.50	10
61	114.50	117.00	66
79	114.00	117.50	52

圖 1 　先確認是否有顯示「買賣現沖」

鎖漲停與鎖跌停的股票

　　當你放空鎖漲停的股票時，回補是要排隊的，見圖 2。如果在這支股票鎖漲停時，進行放空，如果沒有即時回補，在委買漲

停價掛了三萬一千多張,要回補就只能等這些張數成交完才能輪到你,所以很容易到收盤時都無法回補,導致必須準備資金融券賣出,甚至借券。

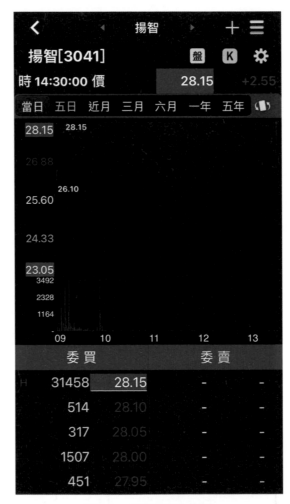

圖 2 鎖漲停的股票

　　當你做多到鎖跌停的股票時，賣出也是要排隊的，見圖 3。
如果你做多到這檔股票在鎖跌停時，沒有即時賣出，委賣跌停價
掛了兩萬八千多張時，要賣出就只能等這些張數成交完才能輪到
你，所以很容易被鎖跌停到收盤都無法賣出，導致必須準備資金
留倉。

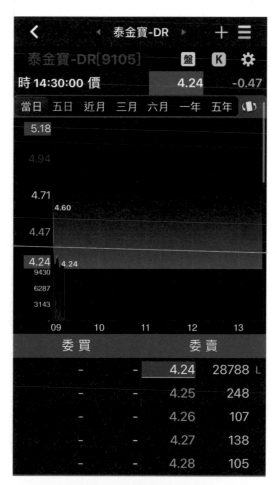

圖 3　鎖跌停的股票

遇到特定事件的股票

當遇到「現金增資」、「股份轉換」、「除權息」、「召開股東常會」、「減資」等事件的股票會有「暫停先賣後買當日沖銷」的規定，這時當沖交易要避開這類的股票，因為此時的股票就不能進行放空只能先買進再賣出。

📊 手機當沖高勝率的學習小技巧

操作當沖的注意事項：
1. 確認股票是否能「買賣現沖」
2. 避免交易鎖漲停和鎖跌停的股票
3. 避開遇到「現金增資」、「股份轉換」、「減資」等特定事件的股票

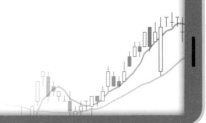

誰適合做當沖？

2018 年至今，我在當沖教學過程中常遇到三種類型的人：

1. 只想靠當沖賺錢，結果賠了更多錢

2. 想靠當沖加速獲利，雖然有方法獲利，但無法穩定獲利

3. 連成交明細、內外盤都不懂的人，利用均線、K 線等指標
   操作當沖，然後一直賠錢

雖然均線、K 線沒有不好，而且都是能放大獲利的參考指
標，但前提是要具備熟稔操作經驗，停損也要當機立斷。

操作當沖一、兩年慘賠的人會比做波段的還要多，這是因為
操作波段必須準備本金交易，所以有多少本金做多少事。但當沖
可以無本操作，幾乎都可以操作單邊 499 萬的額度，例如：499
元的股票最多能買 10 張，再賣出 10 張進行當沖，如果你的本金
不多，卻天天下重倉打滿倉，那你可能無法穩定獲利，甚至不斷
虧損。如果你是用以上三種心態在學習當沖，那當沖可能不太適

合你，除非願意先改變自己。

學習當沖主要有三個階段，有人在第一階段就能開始穩定獲利，有人到第二階段才慢慢找到方法，甚至是部分的人會走到第三階段：

第一階段：有一筆資金的初學者

我覺得這一類的人是可以在最沒有壓力狀況下學習，只要你一開始對於短線交易的認知不要走偏，用正確的心態跟方法學習，在不經歷嚴重的大賠情況下，慢慢修正交易策略與紀律，即便學習到某個階段自認為不適合退出也不致於影響生活。

第二階段：把自身的資金賠光

賠光資金（20 萬～ 100 萬元不等）還想繼續操作當沖並獲利，難度很高。

如果不小心處於此階段，我會建議，一定要先有一份穩定的收入，因為固定收入是支撐你繼續操作的基礎，但重要的是「你不能想著快點把之前賠的錢賺回來」。如果你有這種想法，那麼你會掉進繼續賠的惡性循環。

我建議處於這個階段的人「忘記過去吧」，以前的虧損不要再去想了，只要專注在如何過好之後的每一個日子，做好之後的每一筆交易，修正以前的每一個錯誤，讓當沖跟生活取得平衡，

才有機會慢慢穩定，並長久操作。

第三階段：沒有資金並操作到負債

我認為，這是最艱困的階段。我會建議此階段的人先放下交易，因為此時已經不適合操作短線了，不管是資金或心理層面。

就我所知，現實生活有極少數的人能在這的階段重新爬起來，但這是極少數不代表你也可以。這一階段的人有一個別人所沒有的經歷，就是「跌入谷底」，人性有時必須要跌入谷底才有可能有所轉變。

如果你想找人學習當沖，我的建議是那個人最好是「正在」操作當沖，因為交易市場不斷在變（尤其是短線交易），市場是由人操作出來的。當你利用某方法一直在市場上獲利，其實你不能太過樂觀，因為你一直在獲利，就表示有人一直在賠錢，那賠錢的人就會改變交易策略。

我曾經走到第三階段，所以知道第三階段的艱難與痛苦，希望藉由這本書能讓大家避免走到這個階段。

如何讓自己成為適合操作當沖、學習當沖的人，我相信大家都大致知道該怎麼做了，勇於去執行，並改變自己。

何謂做多？何謂放空？

　　剛接觸股票交易的前兩年，幾乎都是做多的交易，只知道買進某檔看好的股票，漲了賣出就會賺錢。我不知道什麼叫做「放空」。直到有一天，我發現某些熱門股在前一天大量鎖漲停的隔天，有時走勢會開高走低，市場上有不少的當沖客喜歡在這些鎖漲停的熱門股開高後，操作放空，等股價下跌後再買回就能賺取差價，我才因此認識了放空的操作。

手機操作融資、融券做多流程

　　以融資、融券來進行股票做多操作，如果是當天完成買進、賣出，盤後券商會依照當日沖銷準則幫你調帳成現沖，一樣享有當沖稅減半。如果是隔日出場，就如一般股票交易稅率。

當天賣出操作

　　當天融資買入、當天融券賣出（融資買、融券賣），盤後券商系統會調帳成當沖操作，享有當沖稅減半。

圖 4　融資買

圖 5　融券賣

非當天賣出操作

　　當天融資買入，隔天以後融資賣出（融資買、融資賣），「融

資」是指投資人向券商借錢並支付利息，購買股票的意思，假設
1 檔股價 100 元的股票，買進須支付 100*1,000（股）=10 萬元
的現金，但如果是以「融資買進」的話，就只要支付 4 萬元（4
成），等於剩下的 6 萬元（6 成）是向券商借的。

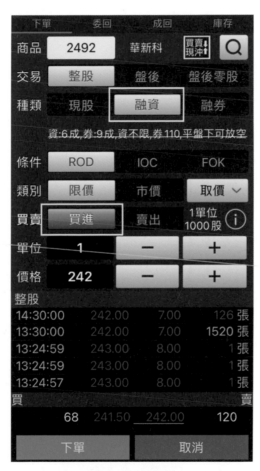

圖 6　融資買

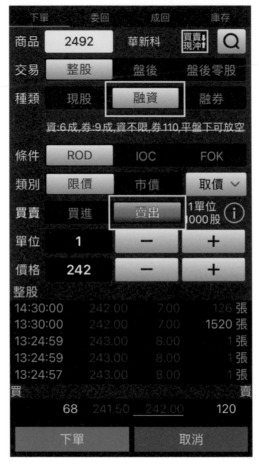

圖7　融資賣

手機操作融資、融券放空流程

　　以融券、融資來進行股票放空操作，如果是當天完成賣出、買進，盤後券商會依照當日沖銷準則幫你調帳成現沖，一樣享有

當沖稅減半。如果是隔日出場，就如一般股票交易稅率。

當天回補操作

當天融券賣出，當天融資買入（融券賣、融資買），盤後券商系統會調帳成當沖操作，享有當沖稅減半。

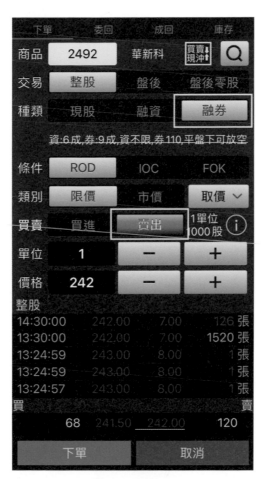

圖 8　融券賣

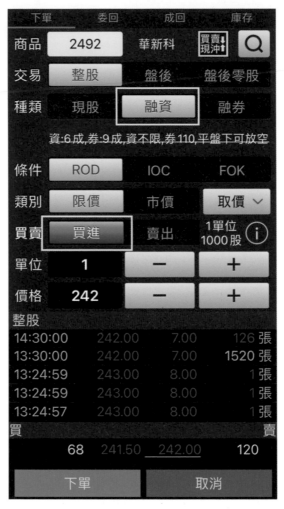

圖 9　融資買

非當天回補操作

　　當天融券賣出，隔天以後融券買入。（融券賣、融券買），「融券」是指投資人向券商借入股票賣出，假設 1 檔股價 100 元

的股票，如果是以「融券賣出」的話，就需支付約 9 萬元（9 成）
做為保證金。

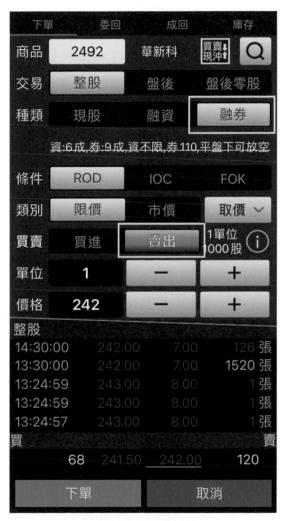

圖 10　融券賣

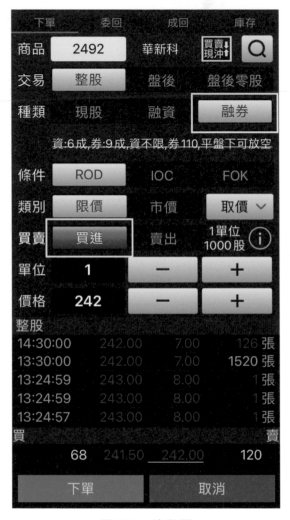

圖 11　融券買

現股當沖買賣下單方式

1.做多：覺得股票會漲，買進後賣出

現股買進當天賣出沖銷，操作時要注意，若沒有當天賣出沖銷，等於是一般的買進成交，需要依照正常交割流程，在交易日後天（T+2）支付交割款。

2 做空：覺得股票會跌，賣出後買進

現股賣出後當天買進沖銷，操作時要注意，若沒有當天買進沖銷，就需要融券、借券來處理，投資人需要負擔借券費用。

手機操作當沖做多流程

當天現股買進、當天現股賣出。

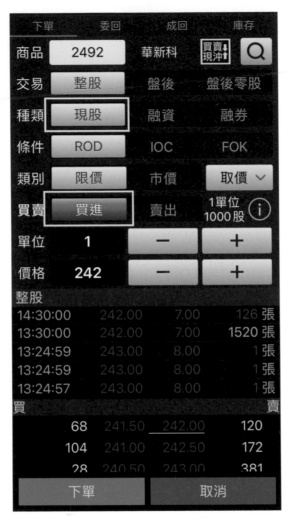

圖 **12**　現股買進

圖 13　現股賣出

手機操作當沖做空流程

當天現沖賣出，當天現股買進。

圖 14　現沖賣出，記要勾選「同意現沖賣超」

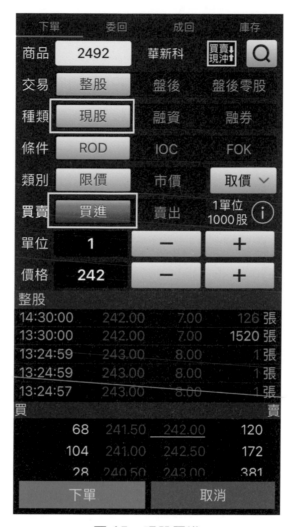

圖 15　現股買進

手機當沖與電腦當沖的差異

以往的當沖交易，交易員都是用電腦設備來進行操作，因為網路的穩定度、多螢幕的看盤、習慣用滑鼠點選及操作、下單軟體多以電腦為主⋯⋯。

但用電腦操作當沖比較適合專職交易者，一般民眾很難隨時坐在電腦前面操作，如果你的正職工作性質是無法接觸電腦的人，更不可能去學習當沖。

在種種條件的限制下，我才會在多年前接觸到用手機做當沖，並逐年優化操作方法與研究下單軟體的設定。

不管你是一般上班族、老闆或是身兼多職的斜槓工作者，只要想學習手機當沖都能不受限的學習，因為手機隨時在你身邊。

手機當沖要做到穩定脫離不了兩大主軸：

1. 要怎麼做才能接近電腦的下單速度

2. 在當前手機的硬體與操作系統的限制下，哪種操作方式適合當沖

　　台灣券商使用的手機下單軟體，目前幾乎都是三竹寫的系統，此系統在下單介面可以查看的資訊不多，只有五檔和兩筆的即時成交明細（更早之前只有五檔可以看）。

　　四年前，我在操作手機當沖時，只能看五檔單量的跳動和變化來預測即時成交的單量，因為只有一支手機又是做極短線，所以長期訓練出對五檔和成交明細的敏銳度。

　　那麼，手機要怎麼做才能接近電腦的下單速度。在現階段 4G 無線網路普及情況下，只要訊號正常，在看著即時成交明細的同時，委託下單都能快速的在 1 秒內成交，時間差是非常微小的，操作起來是很順暢的。

　　但手機下單介面只有一個畫面，如果你要現價成交或掛單成交，有時必須畫面跳來跳去刪刪改改，所以要跟上電腦的下單速度有些訣竅和設定。

　　如果你只有用一支手機，五檔和即時成交明細是最即時也最適合現今的操作系統，幾位知名的極短線操盤手也都是從五檔和即時成交明細開始學習的，當然技術分析與指標也能當作輔助來放大獲利，但前提是要先練好基本功，再來談如何放大獲利。

第 3 章

手機當沖方法解析

當沖手法探討

目前市場上，大家最常見到的當沖教學手法以 K 線為主，但我的當沖過程中幾乎是不看 K 線的，為什麼？

首先，我們來看一下 K 線的意義，K 線的意思是「一段時間內由開盤價、最高價、最低價、收盤價等四價，記錄當天買賣方交易的過程」。

當沖最常使用的 5 分線，意思就是 5 分鐘內會產生出一個 5 分 K 線，來讓你做當沖進出場的判斷。以作者來說 5 分鐘往往有可能已經完成一趟進出操作，所以 5 分線對我來說是一種落後指標，再加上手機當沖要看 K 線要另外切換式窗，這樣會影響到操作的速度。

我自己搭配五檔、成交明細，把目前當沖手法分成 3 大類：

tick 流（價差流）：每個跳動都有機會賺

所謂的 tick 就是抓一個短波動的價差（通常在 1%～2%振

幅內）。多年前，日本知名的當沖好手 BNF（本名：小手川隆）以賺取價差而聞名。2005 年中國股災，許多交易員都跌了很重一跤，他卻能全身而退，甚至賺取大量財富。這種當沖手法只要市場上波動夠大，自己的交易紀律夠好，都能穩定獲利。以當沖來說，我建議最好跟券商爭取日退手續費。

手續費日退：每一天的操作手續費折讓，會在交易日後天，連同操作損益退費給你。

手續費月退：每一天的操作手續費折讓，會統一在下個月的 5 日或 10 日退費給你。

日退手續費才能精算每天操作的損益，會比較好拿捏操作成本，對 tick 流來說也就能更好發揮了。

一波流（突破流）：在價格不上不下一段時間後

我把一波流定義成進場後，短時間內，要馬上往你要的方向突破。

一波流的操作方式比較不適合新手學習者，因為新手很容易單純只看內盤或外盤大單而去追價，追價很容易遇到高低點的反轉而導致虧損。適合對五檔、成交明細有操作經驗的當沖客，或是有一定資金與實戰經驗的當沖客，自己委託出大量成交，營造出大單攻擊的氛圍，形成一股趨勢讓後面的連續內外盤跟著追價，自己的大單再分批停利。

趨勢流（日內波）：在有利的價位進場，順勢獲利

進場之後開始等待，等待時間常常以小時計算，甚至是等到收盤前我把它定義成趨勢流。

趨勢流的當沖方式是最折磨心智的方式，因為常常一進場之後就開始等待，等待過程中的獲利與虧損浮動，操作者都會隨之影響身心理，如果你也有正職工作正在進行，那操作過程中就有可能會影響工作內容與心情，再加上此種當沖的勝率不高，所以新手學習者用此方式練習當沖也不適合。

但趨勢流對有經驗的當沖客是比較容易大賺的手法，只要你的進出場有一定的方法跟紀律，或是**停損完全交給系統去自動監控停損**，停利則讓它去跑，那趨勢流也是有機會穩定的。

這三種交易模式只要停損做的好（有紀律的停損），其實都有機會穩定賺錢，但停損很難，因為牽扯到人性，大家可以好好思考一下自己比較適合哪一種當沖模式。

手機當沖的關鍵設定

目前台灣股票市場上的各券商，手機下單軟體大部分都是委託三竹系統客製的，APP 介面可能有些許不同，但操作與設定上是大同小異的。

手機要進行當沖操作，有些關建設定是可以優化整個操作流程。過去我自己摸索了很長一段時間，券商的 APP 該做什麼樣的設定與操作模式，才能適合手機當沖。

接下來是讓手機當沖更順暢的 App 設定流程：

首頁➡系統設定

登入手機 APP 下單軟體，在首頁尋找系統設定選項。

圖 16　打開手機下單 APP，點選「系統設定」

圖 17　系統設定的選項

❶推播設定

關閉設定：在當沖的過程中，如果有其他推播的訊息畫面跳出，可能會干擾操作，所以建議關閉這項設定。

❷主動回報

逐筆交易後，我建議要開啟「主動回報」的功能，因為手機當沖的進場用 ROD 掛限價單（ROD：Rest of Day，當日有效單，指掛出委託單後，一直到當日收盤，這張委託單都是有效的），一旦成交了，才會主動回報提醒，你也能更明確的知道自己的委託單何時成交。

❸背景登出時間

建議設定成最大值 999 分鐘，因為在當沖過程中，可能要盯盤，如果不小心遇到下單程式登出，就要再重新登入會影響到當下的操作，所以建議設定成最大值。

圖 18　報價欄位設定

❹報價欄位設定➡下單前再次確認式窗

點選「報價欄位設定」，找到「下單前再次確認式窗」的選項後，關閉設定。我在下單時，不喜歡被這個提醒式窗影響下單速度，因此會關閉此設定（備註：不是每間券商都有此關閉功能，有的券商不能關閉）。

挑選當沖標的法則

　　在當沖教學這幾年，我常常遇到學生問的其中一個問題，就是怎麼挑選當沖標的。有些人會看新聞、報章雜誌去挑選，有些人會看營收去挑選，這樣的挑選方式其實沒有一個準則，甚至是常常挑選到沒有成交量，或是隔天沒什麼漲幅波動的標的，這樣的當沖比較難長期穩定獲利。

　　挑選當沖標的，我建議當沖標的前一天成交量不能太少，這樣可以避免發生當沖的意外，成交量太少的股票很容易被單一主力操縱股價，萬一跟你操作的方向相反就很容易大賠。

　　接下來，隔天要怎麼找出有機會大幅度波動的股票，作者這邊用手機 APP，教各位如何善用三大分類去挑選。

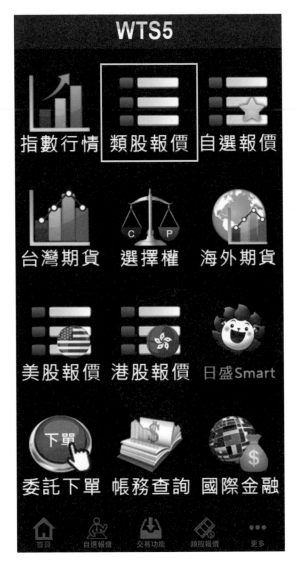

圖 19　點選「類股報價」

　　每一天，我都會挑選出隔天適合操做當沖的標的，用各券商

的 APP 裡點選：**類股報價⇒熱門股⇒漲幅排行、跌幅排行、週轉排行**，如圖 19、20、21。

圖 **20** 點選「熱門股」

圖 21　從漲價、跌幅和週轉排行逃選標的

從這三大排行裡面挑選出隔天適合當沖的標的。

❶漲幅排行

　　各股票上漲幅度的排名，從這類排行可以看出哪些股票是漲停的，哪些股票是漲幅超過 5％的，再從成交量與股價去篩選出適合當沖的標的。

❷跌幅排行

　　各股票下跌幅度的排名，從這類排行可以看出哪些股票是跌停的，哪些股票是跌幅超過 5％的，再從成交量與股價去篩選出適合當沖的標的。

❸週轉排行

　　「週轉」又可以解釋成「換手」，各股票週轉率的排名，從這類排行可以看出哪些股票是屬於熱門股、股票量通性好、股價起伏較大，再從成交量與股價去篩選出適合當沖的標的。

　　以我的建議，**從這三大排行裡，找股價低於 300 元（操作風險較低）、50 元以下的股票最好超過 2 萬張的成交量、50 元以上的股票最好超過 1 萬張的成交量**。成交量太少的股票很容易被特定人士操控價格，這樣對於當沖的風險來說，會太高，因此建議避開成交量少的標的。

漲跌的根本訊號：
成交明細、五檔

在當沖教學的過程中，我遇到不少人對於即時成交、歷史成交明細、五檔很陌生，甚至不知道他們是股票漲跌的根本訊號，就我所知過去市場上知名的短線操盤手，他們的短線交易也都是從五檔、成交明細訊號判斷的。

如果我們在學習事物時，投機取巧，長輩們會對我們說：「還沒學會走路，就想學怎麼飛。」這是有道裡的，如果你連成交明細和五檔的漲跌感受都不懂，然後用技術分析、指標或量價來學習當沖，那你的交易很容易就虧損。

股票為什麼會漲、為什麼會跌？內外盤是什麼？

一個商品如果非常熱門，一堆人搶著買，甚至調高價錢還供不應求，那商品就會一直漲價。

一個商品如果他非常冷門，沒人買或一堆人拋售，那價錢就會一直跌，甚至停產（下市）。

我們來看一下圖 22，五檔分成兩邊，右邊是五檔委賣、左邊則是五檔委買，委賣價錢會大於委買價，因為賣方一定想賣出更高價，而買方一定想低價買進，所以五檔的價格會從委賣遞減排到委買，例如：圖 22 的緯軟（4953）五檔委賣的價格從 110.5 排到委買的 106。

當某檔股票如果一直成交在委賣的掛單，就會一直外盤成交（紅色成交明細），那他就會一直漲，例如圖 22 的緯軟（4953）如果委賣第一檔 108.50 元 27 張被外盤吃掉，那後面想追買的人就只能往 109 的價格買進。

反之，當某檔股票如果一直成交在委買的掛單，就會一直內盤成交（綠色成交明細），那就會一直跌，例如：圖 22 的緯軟（4953）如果委買第一檔 108 元 6 張在內盤成交，那後面想追賣的人就只能往 107.5 的價格賣出。

至於，內外盤很直觀的邏輯就是，**成交在委買就會是內盤成交**（表示比較多人想賣出）、**成交在委賣就是外盤成交**（表示比較多人想買進）。

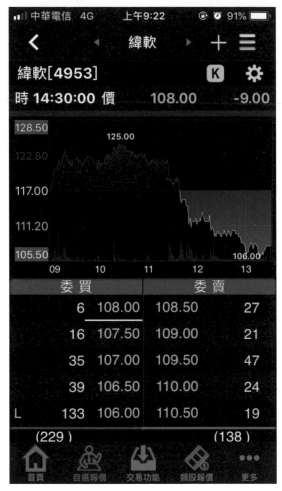

圖 22　緯軟（4953）走勢圖與五檔報價

判斷何時做多？
何時放空？

　　我剛接觸當沖時，主要鎖定強勢股（開盤跳空漲幅超過2％，或是開盤一路上漲拉回的低點不會低於前面的低點），買進後放著，等到漲停時賣掉，我相信有些人會有這種美好的經驗，但這樣的操作勝率真的高嗎？

　　看到漲幅超過 5％的股票進場做多，跌幅超過 5％的股票進場放空，這種操作模式真的能穩定嗎？就我的經驗來看，只依據漲跌的幅度進場勝率不到 4 成，只依據內外盤大單就進場的勝率也不到 4 成，大多散戶都是這樣操作，而在當沖虧損不少錢。

　　那麼，當沖何時做多，何時放空，我分享自己提高勝率的三大心法：

同時觀察加權指數

　　在操作當沖時，如果能同時觀察加權指數的即時漲跌，可以提高不少勝率，也能順著大盤的走勢放大獲利，就算做錯方向，也能看準大盤的走勢即時停損。

例如：在大盤漲多拉回時，某一檔強勢股也跟著漲多來回。如果你觀察到大盤慢慢止跌，開始進場做多，在大盤開始反彈上漲時，你就能開始分批停利，由於順著大盤的走勢，因此可以留下部分倉位來放大獲利。

如圖 23，當天上午 9：12，加權指數反彈到一個高點準備下殺（當加權指數反彈到前高附近然後漲幅跳動趨緩），如果這時你進場放空南電（8046），獲利率就會提高。

圖 23　加權指數走勢圖

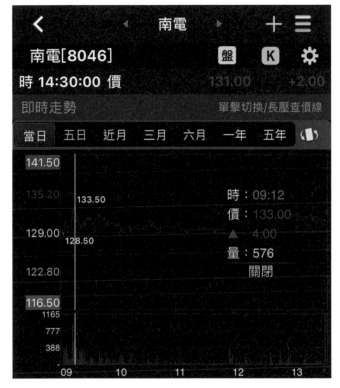

圖 24　南電（8046）走勢圖

同時觀察同類股族群

觀察同類族群的當沖操作，一直以來是我當沖能穩定獲利的方式。當某檔標的突然大量上漲或下跌，同族群的相關類股就有可能會產生連動。例如：被動元件的國巨（2327）、華新科（2492）、大毅（2478）；記憶體族群的旺宏（2337）、華邦電（2344）、晶豪科（3006）；海運族群的長榮（2603）、萬

海（2615）；PCB 載板的欣興（3037）、南電（8046）……。

　　如圖 25 的長榮（2603）、圖 26 的萬海（2615）某天的走勢，有沒有發現很像？當你發現長榮開始帶量下殺，同時果斷進場放空萬海，獲利率就會提高很多。在做連動股操作時我喜歡看漲跌幅較大的標的當做參考指標，然後操作另一檔同類股票，如果另一檔同類的股票在 5 分鐘內，沒有連動走勢那就要小心走勢分歧。

圖 25　長榮（2603）走勢圖

圖 26　萬海（2615）走勢圖

拉回時才進場

當沖新手要學習到穩定獲利，最重要的一點就是進場點。很多當沖客常常看到一檔強勢股開始上漲時，就進去追價，或看到外盤大單成交就進去追價，往往都是停損居多。

不管是買進做多，還是賣出放空，我建議拉回時才進場當沖。例如：強勢股上漲時不追多，等開始下跌時觀察止跌（當

某個價位在委買第一檔、委賣第一檔交替跳動或某個價位在委買
第一檔的掛單越來越多時），或沒破前低（走勢圖前面的低點價
位）時進場；弱勢股（開盤跌幅 2％以上，然後反彈高點不過前
面高點）下跌時不追空，等開始上漲反彈時觀察是否上漲無力，
或沒破前高時進場。這樣的操作方式才能提高勝率。

　　如圖 27 的強勢股精星（8183），如果你想買進做多，那在
上午 9：32 下跌到 20.65，前低 20.6 附近止跌就能買進，因為
20.65 這個低點沒有低過前面低點 20.6，這時你就能進場，然後
在相對有利的價位停利賣出。

圖 27　精星（8183）走勢圖

如圖 28 的明基材（8215），如果你想放空，早盤的高點
29.9，在上午 9：18，上漲拉回最高到 29.8 時開始漲不上去（當
某個價位在委買第一檔、委賣第一檔交替跳動或是某個價位在委
賣第一檔的掛單越來越多時），29.8 並沒有超過前高 29.9，這
時進場放空就是相對好的價位，然後等待停利。

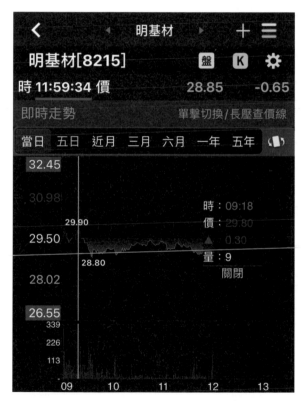

圖 28　明基材（8215）走勢圖

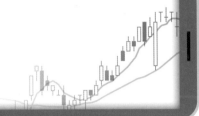

停損、停利技巧

　　股市進入逐筆交易後，停損、停利就顯得更加重要了。以前 5 秒搓合機制你還有一些緩衝時間，現在逐筆交易的成交速度更快，當你達到停損條件時沒有果斷停損，很容易在極短的時間內造成更大的虧損。

逐筆交易有 3 種下單條件

　　ROD（Rest of Day）：當日有效單，指掛出委託單後，一直到當日收盤，這張委託單都是有效的。

- IOC（Immedia-or-Cancel）：立即成交否則取消，指掛出委託單當下，允許部分成交，剩餘委託單會立即取消。
- FOK（Fill-or-Kill）：全部成交否則取消，指掛出委託單當下，委託的張數全部可以成交，否則委託單會立即取消。
- **搭配下單類別衍伸出 6 種委託下單種類：限價 ROD、限價 IOC、限價 FOK、市價 ROD、市價 IOC、市價 FOK。接下來很重要，以當沖交易來說只需用到限價 ROD、市價**

ROD 這兩種下單模式，因為 ROD 的下單條件就跟之前搓合機制的委託條件一樣。

停損

以當沖來說，停損如果不果斷，沒有設定市價停損，很有可能會遇到大賠，因為逐筆交易之後，上漲與下跌的速度比以前快非常多，所以以手機當沖來說，停損我的建議是用 **ROD 市價**去做停損，用市價的方式去停損除非遇到漲跌停鎖住，不然一定能成交。

如果放空後要停損，請用 ROD 市價買進回補。

以我來說，從過去到現在停損幾乎都是用市價去停損，除非是非常有把握停損在自己想要停損的價位，才會去用限價停損。

至於限價停損的風險，假設今天有一檔標的我的買進成本是 52.5 元，當它跌到 52 元時達到我的停損條件，但當時出現大量內盤成交單，因此下一筆價格滑落至 51.5 元，然後 5 秒內繼續跌到 51 元，這時候如果我用 ROD 市價賣出就能停損在 51.5 元，如果我用 ROD 限價掛 52 賣出會無法成交，因為價格已經滑落至 51.5 元，甚至接下來可能停損在 51 元。

圖 29　ROD 市價買進操作畫面

如果做多後要停損，請用 ROD 市價賣出回補。

圖 30　ROD 市價賣出操作畫面

停利

至於停利，會跟你的操作策略和張數有關。

如果你的操作策略偏向於喜歡在高低點的轉折處進場，那我會建議你停利的部分要果斷一次停利，除非你的倉位張數超過 1 張，那就可以執行分批停利來放大獲利。

　　以我來說，在當沖第一年倉位與張數比較小時，停利都是一次性停利。當沖第二年把操作的技巧練到熟練時，才開始放大倉位與張數做分批停利。建議有獲利時，可以先出場 5 成的倉位，剩下的倉位可以分批停利來放大獲利，如果剩下的倉位不如預期反轉，停損也不致於虧損。

手機當沖高勝率的學習小技巧

停損、停利的技巧：

1. 停損要果斷，放空和做多停損，請用 ROD 市價買進
2. 張數超過 1 張，可以分批停利，放大獲利

第 **4** 章

手機當沖實戰
邏輯分享

　　我剛接觸當沖的第一年，是找尋獲利方法與技巧的一年。我找了網路上各式各樣的當沖文章，也看了不少當沖書籍，但大部分都是技術分析的理論講解，或是走勢的事後論，幾乎找不到實戰的講解。

　　在當沖慢慢走入穩定獲利的階段，我常常在思考，如果當沖第一年，出現有經驗的交易員願意分享他的實戰邏輯，願意分享它的交易明細，那我的當沖生涯可以少走很多回頭路，前兩年的學習時間週期也許能縮短，學習的付出虧損金額也能縮小。

　　各個專業領域的學習過程，都是從基礎理論知識、規則開始學習。前幾章，我分享了當沖基礎理論知識、手機當沖的操作設定、手機當沖技巧，接下來的實戰圖文，是我 2020 年的實戰交易紀錄，包括做多、做空，讓各位能真正吸收到實戰的邏輯。

抓住弱勢股，做空 30 分鐘，獲利一萬八

分享 2020 年 5 月 11 日午盤之後定穎（6251）的當沖操作，定穎上一個交易日 5 月 8 日爆大量收漲停，因此在前一天已經選進我的當沖自選清單裡。

其實，早盤打了幾趟定穎已經獲利達標，但它今天走勢偏弱，因此午盤觀察一下很有把握的情況下，決定再度進場抓它的弱勢股反彈無力放空。

定穎在早上 11：30 後的下殺反彈都不多，中午 12：00 接近跌停，這時想低風險的進場就是等它拉回無力做順勢放空，盡量不要去做多接近跌停的標的。我觀察反彈到 19.7 附近開始**上漲無力**（19.7 這價位**開始委買一委賣一互換**），最多碰到 19.8 就被委賣單壓下來，因此進場布局空單，有五張分批獲利補在跌停，附上成交明細供參考。此趟交易操作時間 30 分鐘，獲利金額 18,000 元。

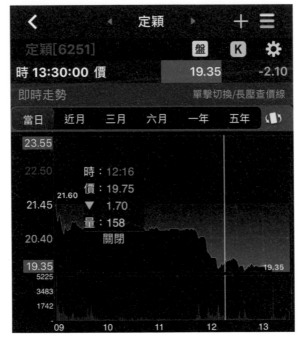

圖 31　2020 年 5 月 11 日，定穎（6251）走勢圖

委託狀態	交易別	盤別	種類	委託價格	委託書號	委託日期	委託時間
全部成交	現股買進	整股	限ROD	19.35	N-0484	109/05/11	12:48:28.337
全部成交	現股買進	整股	限ROD	19.55	W-0526	109/05/11	12:45:46.138
全部取消	現股買進	整股	限ROD	19.35	N-0462	109/05/11	12:32:02.681
全部成交	現股買進	整股	限ROD	19.55	S-0480	109/05/11	12:31:23.675
全部取消	現股賣出	整股	限ROD	19.75	P-0484	109/05/11	12:28:39.397
全部取消	現股賣出	整股	限ROD	19.75	W-0513	109/05/11	12:27:59.136
全部成交	現股賣出	整股	限ROD	19.7	A-0479	109/05/11	12:16:41.881
全部成交	現股賣出	整股	限ROD	19.7	N-0448	109/05/11	12:16:24.391
全部成交	現股賣出	整股	限ROD	19.7	A-0478	109/05/11	12:16:17.707

圖 32　2020 年 5 月 11 日，定穎交易明細

看準上漲無力，
做空 10 分鐘，獲利一萬五

分享 2020 年 5 月 13 日威剛（3260）上漲無力的當沖操作。

開盤沒多久，我注意到前一天跌很深的威剛開始反彈，如果我要**放空前一天出量下跌的標的都會稍微等一下，因為出量下跌顧名思義就是有人在買**，股票交易是一買一賣的交易行為，你無法在當下知道買方與賣方是誰，因此出量下跌也能解釋成有人大量買入。

早上 9：08 開始感覺上漲趨緩，接近 54 這價位時，外盤成交單量縮小，然後不連貫，我開始進場放空測試單（小倉位），到 54 這整數價位我覺得有機會是一個壓力，因此測試單陸續進場，在早上 9：11，54 的價位委賣越掛越多，表示 54 這價位的壓力越來越大，因此判斷在勝率極高的情況下，53.9 出手大量空單順便造勢（出手的倉位超過委買一掛單的一半足以讓人覺得是大單，因而跟單）做一波下殺，之後就是分批停利了，分享成交明細供參考。此趟交易操作時間 10 分鐘，獲利金額 15,000 元。

圖 33　2020 年 5 月 13 日，威剛（3260）走勢圖

商品名稱	委託狀態	交易別	盤別	種類	委託價格	委託股數	取消股數	委託書號	委託日期	委託時間
威剛	全部成交	現股買進	整股	限ROD	53.7	1,000	0	H-0160	109/05/13	09:16:48.721
威剛	全部成交	現股買進	整股	限ROD	53.7	2,000	0	S-0139	109/05/13	09:15:36.597
威剛	全部成交	現股買進	整股	限ROD	53.7	2,000	0	P-0166	109/05/13	09:15:29.471
威剛	全部成交	現股賣出	整股	限ROD	53.9	12,000	0	W-0143	109/05/13	09:11:30.737
威剛	全部成交	現股賣出	整股	限ROD	54	6,000	0	S-0124	109/05/13	09:10:47.572
威剛	全部成交	現股賣出	整股	限ROD	54	1,000	0	K-0156	109/05/13	09:09:28.364
威剛	全部成交	現股賣出	整股	限ROD	53.8	1,000	0	N-0112	109/05/13	09:08:13.241

圖 34　2020 年 5 月 13 日，威剛交易明細

跟著大盤下跌放空，4 分鐘獲利五千

　　2020 年 5 月 27 日，早盤大盤偏強勢，自選清單裡還是有一些弱勢股，如果加權指數開紅上漲，個股卻開綠下跌，就有可能在早盤是弱勢股，例如華擎（3515）。在大盤轉弱之下，我開始觀察，見圖 36、圖 37 的分時明細 139.5、140 拉回時，有相對大量的成交張數，自己判定那邊有機會成為壓力，因此在拉回無力時，出手 ROD 限價 140 放空，跟著大盤一波下殺後回補。

　　這邊有一個細節可以注意，我並沒有在大盤轉弱之際就追價放空，還是有觀察五檔、成交明細，發現在 9：16 時反彈的外盤單無法有效突破 140，確認有機會反轉，才在早上 9：16 時限價出手放空，分享成交明細供參考。此趟交易操作時間 4 分鐘，獲利金額 5,000 元。

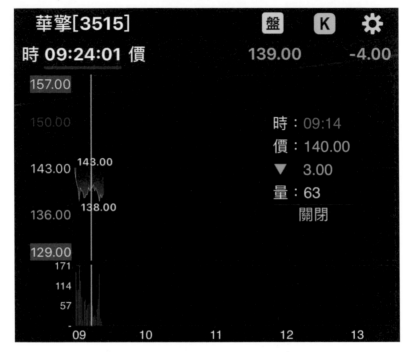

圖 35　2020 年 5 月 27 日，華擎（3515）走勢圖

圖 36　2020 年 5 月 27 日，華擎成交明細

圖 37　**2020** 年 **5** 月 **27** 日，華擎成交明細

品名稱	委託狀態	交易別	盤別	種類	委託價格		取消股數	委託書號	委託日期	委託時間
華擎	全部成交	現股買進	整股	限ROD	138.5		0	X-0179	109/05/27	09:20:36.408
華擎	全部成交	現股賣出	整股	限ROD	140		0	V-0154	109/05/27	09:16:27.698

圖 38　**2020** 年 **5** 月 **27** 日，華擎交易明細

即時停利，
4 分鐘獲利八千

　　2020 年 6 月 1 日開盤，我注意到自選清單的立積（4968），大盤早盤開高走高，在先行者的提醒下強勢股紛紛上漲，先行者是我自行開發的 LINE 自動提醒程式，用來輔助當沖。這時我注意到，上週五鎖漲停的立積在平盤 157 委買第一檔掛了一百多張在防守，理論上大盤在上漲時應該要很輕易的漲上去，但立積卻漲不上去（不合邏輯），因此看到內盤大單攻擊 157 時，果斷做一波下殺（一波流、突破流），內盤成交單量逐漸減少，下跌趨緩回補空單。

　　短線當沖要穩定，進出場一定都要有依據，也就是進場價位，出場價位都要自己設定好，獲利是一種取捨。早上 10：00 左右，立積多方主力直接拉破平盤之後，一路軋空，早盤空單如果沒有即時停利，放到十點多都大賠了，分享成交明細供參考。此趟交易操作時間 4 分鐘，獲利金額近 8,000 元。

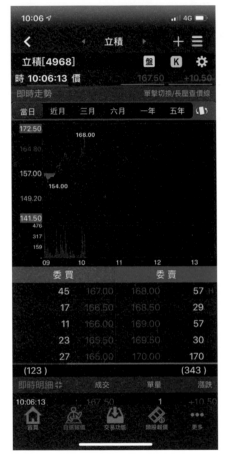

圖 39　2020 年 6 月 1 日，立積（4968）走勢圖

立積	全部成交	現股買進	整股	限ROD	155.5	W-0093	109/06/01	09:05:30.121
立積	全部成交	現股買進	整股	限ROD	155.5	A-0087	109/06/01	09:04:58.633
立積	全部取消	現股賣出	整股	限ROD	157	P-0084	109/06/01	09:01:51.620
立積	全部成交	現股賣出	整股	限ROD	157	S-0092	109/06/01	09:01:45.976

圖 40　2020 年 6 月 1 日，立積交易明細

操作連動股，
10 分鐘獲利七千

　　分享 2020 年 6 月 4 日連動股實戰，因為防疫相關類股近期常常走勢連動，因此想做連動股的操作，我開始觀察寶齡富錦（1760）和熱映（3373）這兩檔標的，這兩檔都是百元股，因此我的操作會格外謹慎。

　　早上 9：07，我觀察到熱映有多方攻擊的徵兆，開始外盤成交，我進場買進寶齡富錦，不如預期 2 個 tick 停損出場。

　　早上 9：16，我發現加權指數開始上漲，我觀察到寶齡富錦有準備反彈的徵兆，因此果斷進場做多熱映，快速分批停利。

　　我做突破不太會戀棧，上漲無力或下跌無力就會出場，**以百元股來說，我的停損價位一般會在 3 個 tick 以內停損**，後面的走勢就像分手的女友，不關我的事了，分享成交明細供參考。此兩趟交易操作時間 10 分鐘，獲利金額近 7,000 元。

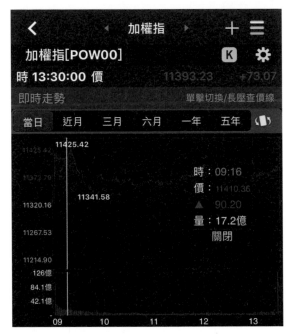

圖 41 2020 年 6 月 4 日，加權指數走勢圖

商品名稱	委託狀態	交易別	盤別	種類	委託價	取消股數	委託書號	委託日期	委託時間
熱映	全部成交	現股賣出	整股	限ROD	149.5	0	K-0180	109/06/04	09:17:12.676
熱映	全部成交	現股賣出	整股	限ROD	149.5	0	N-0178	109/06/04	09:17:03.624
熱映	全部成交	現股賣出	整股	限ROD	149.5	0	K-0178	109/06/04	09:16:43.699
熱映	全部成交	現股買進	整股	限ROD	148.5	0	X-0172	109/06/04	09:16:23.250
熱映	全部成交	現股買進	整股	限ROD	148.5	0	N-0177	109/06/04	09:16:17.567
熱映	全部成交	現股買進	整股	限ROD	148.5	0	L-0168	109/06/04	09:16:14.086
熱映	全部取消	現股買進	整股	限ROD	148	1,000	N-0176	109/06/04	09:16:10.747
寶齡富錦	全部成交	現股賣出	整股	限ROD	133.5	0	P-0136	109/06/04	09:10:36.035
寶齡富錦	全部成交	現股買進	整股	限ROD	134.5	0	V-0134	109/06/04	09:07:54.223

圖 42 2020 年 6 月 4 日，寶齡富錦（1760）、熱映（3373）交易明細

觀察主力操作，
60 分鐘獲利一萬八

2020 年 6 月 8 日早上 10：00 左右，大盤下殺一小波之後反彈，這時我看昇揚半導體（8028）的走勢有高不過高（反彈的高點沒有超過前面的高點）的感覺，接著我開始觀察五檔和成交明細，發現主力只想防守並沒有要拉抬，因為長時間委買掛單多於委賣掛單卻漲不上去，反彈的成交量也少於下殺的成交量。

早盤大盤拉抬時，幾乎都反彈無量，然後委買掛大單的關鍵價位被殺破，就再掛單防守，沒有明顯的大量外盤反彈。這時，我開始進場，並用日盛 Smart 自動停損系統 *設定 58.6 來監控停損，下殺一波之後，開始分批停利。

我發現，沒有主力順著出貨的徵兆，造勢一波完就止跌（委買又陸續掛單，內盤沒有連續的大量成交單）因此我並沒有戀棧，跌破平盤止跌就開始分批停利，也躲過了午盤的拉抬。午盤後，多方主力防守到後面，就直接拉抬一波上漲，如果停損不夠果斷的人就會因此大賠，分享成交明細供參考。此趟交易操作時間 60 分鐘，獲利金額 18,000 元。

---

* 日盛 Smart APP 操作說明請洽官網：https://jsmarket.jihsun.com.tw/dm/on-line/
SMART-2.htm

名稱	委託狀態	交易別	盤別	種類	委託價	取消股數	委託書號	委託日期	委託時間
導體	全部成交	現股買進	整股	限ROD	57.4	0	P-0390	109/06/08	11:00:00.179
導體	全部成交	現股買進	整股	限ROD	57.3	0	S-0383	109/06/08	10:56:19.984
導體	全部成交	現股買進	整股	限ROD	57.3	0	V-0390	109/06/08	10:55:59.264
導體	全部成交	現股買進	整股	限ROD	57.3	0	X-0352	109/06/08	10:41:06.894
導體	全部成交	現股買進	整股	限ROD	57.3	0	P-0358	109/06/08	10:40:54.645
導體	全部成交	現股賣出	整股	限ROD	58	0	P-0322	109/06/08	10:11:19.961
導體	全部成交	現股賣出	整股	限ROD	58	0	X-0314	109/06/08	10:11:16.098
導體	全部成交	現股賣出	整股	限ROD	58.1	0	V-0331	109/06/08	10:09:30.662

圖 43　2020 年 6 月 8 日，昇揚半導體（8028）交易明細

圖 44　2020 年 6 月 8 日，加權指數走勢圖

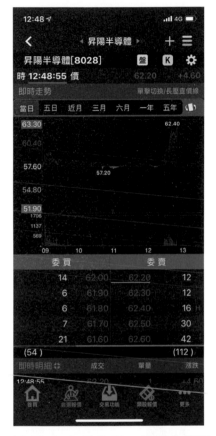

圖 45 2020 年 6 月 8 日，昇陽半導體走勢圖

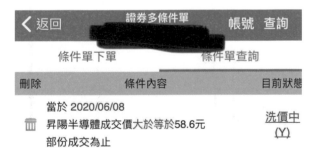

圖 46 昇陽半導體日盛證券的 Smart 自動停損單畫面

操作妖股，
30 秒獲利四千

　　2020 年 6 月 16 日，國光生（4142）開盤就開始帶量成交，並快速跌破 69，這時我開始觀察到 69.5 之後，價格沒繼續拉抬，我在 69.2 委買掛大單開始防守，在大盤開高的情況下，往往都是妖股（連續漲停或連續跌停超過 2 天，我會歸類為有可能出現劇烈漲跌的妖股），趁機出貨的時機。

　　早上 9：01：59，一看到大單攻擊 69.2 時，我果斷出手 ROD 限價賣出，順利成交後，等股價慢慢止跌就快速停利出場，後面的反彈價位都無法突破 69 關鍵高點，因此才會有一波下殺，分享成交明細供參考。此趟交易操作時間 30 秒，獲利金額 4,000 元。

圖 47　2020 年 6 月 16 日，國光生（4142）走勢圖

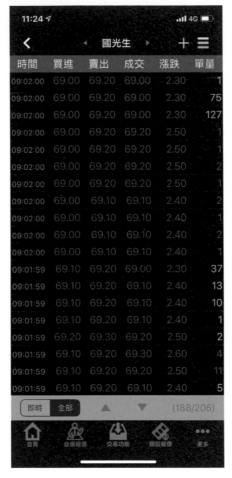

圖 48　2020 年 6 月 16 日，國光生成交明細

品名稱	委託狀態	交易別	盤別	種類	委託價格	委託書號	委託日期	委託時間
光生	全部成交	現股買進	整股	限ROD	68.7	H-0125	109/06/16	09:02:27.417
光生	全部成交	現股賣出	整股	限ROD	69.2	L-0110	109/06/16	09:01:59.834

圖 49　2020 年 6 月 16 日，國光生交易明細

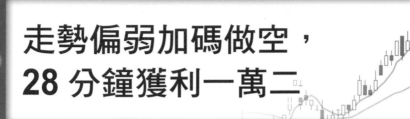

走勢偏弱加碼做空，
28 分鐘獲利一萬二

　　分享 2020 年 9 月 01 日一趟高勝率的盤中操作，十點多大盤反彈上漲時，我觀察到前陣子強勢的長榮（2603）今天走勢偏弱（跌破平盤之後就無法反彈突破平盤），幾次拉回也都無法突破 17.15，因此在早上 10：07 大盤再度攻高時，長榮一樣無法突破 17.15，因此果斷加碼委託單限價掛在 17.15。

　　成交到早上 10：11：07，委買第一檔 17.1 的千張掛單突然跑到委賣第一檔，我當下以為是 17.1 的千張掛單抽單（沒有成交的五檔掛單突然消失，我稱之為抽單），但觀察到成交明細那一秒是被內盤大單瞬間吃掉，因此我果斷限價加碼在 17.1 最有把握的價位，後面就是分批停利了。分享成交明細供參考。此趟交易操作時間 28 分鐘，獲利金額 12,000 元。

圖 50　2020 年 9 月 1 日，加權指數走勢圖

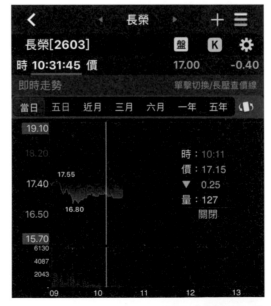

圖 51　2020 年 9 月 1 日，長榮（2603）走勢圖

圖 52　2020 年 9 月 1 日，長榮成交明細

品名稱	委託狀態	交易別	盤別	種類	委託價栺	委託書號	委託日期	委託時間
長榮	全部成交	現股買進	整股	限ROD	17	S-0348	109/09/01	10:28:23.773
長榮	全部成交	現股買進	整股	限ROD	17	H-0367	109/09/01	10:23:30.849
長榮	全部成交	現股買進	整股	限ROD	17	K-0374	109/09/01	10:23:06.337
長榮	全部成交	現股買進	整股	限ROD	17	X-0363	109/09/01	10:21:07.852
長榮	全部成交	現股買進	整股	限ROD	17	S-0346	109/09/01	10:21:03.142
長榮	全部成交	現股賣出	整股	限ROD	17.1	X-0350	109/09/01	10:11:15.932
長榮	全部取消	現股賣出	整股	限ROD	17.15	N-0340	109/09/01	10:08:02.232
長榮	全部成交	現股賣出	整股	限ROD	17.15	K-0334	109/09/01	09:59:28.806
長榮	全部成交	現股賣出	整股	限ROD	17.1	X-0326	109/09/01	09:59:19.548

圖 53　2020 年 9 月 1 日，長榮交易明細

有計畫停損，
35 分鐘獲利一萬八

　　分享 2020 年 10 月 15 日的交易看似有點凹單，但這是有計畫的操作實戰。

　　早盤時，我觀察到金像電（2368）有偏弱勢、開低走低的跡象。在大盤拉回時，我開始觀察金像電，這時我記了兩個壓力點位 46.65 跟 46.85。

　　早上 9：14 大盤拉回無力時，我出手放空 46.8 沒成交。早上 09：21 再度進場在 46.65，到 9：30 半左右，我觀察到南電（8046）和欣興（3037）開始拉抬帶動金像電反彈（南電、欣興、金像電產業類型相似有連動關係），但大盤感覺反彈力道小很多，因此我選擇繼續觀察，停損價位設在 46.85 前高點位，一突破就停損。

　　如果南電、欣興反彈力道比較強，但金像電卻連 46.85 都無法突破，一旦上漲無力反轉下殺金像電就會出現比較明顯的跌幅，之後就是加碼完，分批停利。

　　有計畫的取捨停損很重要，但如果是百元股，我就不會像

四十幾元的股票這樣停損了，百元股的停損要嚴守 3 個 tick 內
停損。分享成交明細供參考。此次交易操作時間 35 分鐘，獲利
金額 18,000 元。

圖 54　2020 年 10 月 15 日，加權指數走勢圖

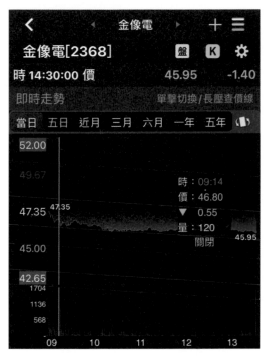

圖 55　2020 年 10 月 15 日，金像電（2368）走勢圖

商品名稱	委託狀態	交易別	盤別	種類	委託價	取消股數	委託書號	委託日期	委託時間
金像電	全部成交	現股買進	整股	限ROD	46.5	0	W-0306	109/10/15	09:47:02.100
金像電	全部成交	現股買進	整股	限ROD	46.5	0	P-0330	109/10/15	09:46:58.674
金像電	全部成交	現股買進	整股	限ROD	46.5	0	P-0314	109/10/15	09:42:06.301
金像電	全部成交	現股買進	整股	限ROD	46.5	0	S-0288	109/10/15	09:41:56.143
金像電	全部成交	現股賣出	整股	限ROD	46.75	0	S-0268	109/10/15	09:34:55.505
金像電	全部成交	現股賣出	整股	限ROD	46.8	0	S-0267	109/10/15	09:34:45.841
金像電	全部成交	現股賣出	整股	限ROD	46.8	0	X-0245	109/10/15	09:34:30.168
金像電	全部成交	現股賣出	整股	限ROD	46.65	0	V-0230	109/10/15	09:21:52.296
金像電	全部成交	現股賣出	整股	限ROD	46.65	0	N-0228	109/10/15	09:21:28.657
金像電	全部取消	現股賣出	整股	限ROD	46.8	3,000	N-0199	109/10/15	09:14:07.289

圖 56　10 月 15 日，金像電交易明細

有把握也不追單，
8分鐘獲利六千二

　　分享 2020 年 11 月 02 日的操作實戰，早盤我看到了大成鋼（2027）在大盤下跌時，沒有跟著出量下跌。我觀察到幾個重點：

1.開盤試搓*有量，六千多張

2.今天大盤在下跌時，這檔股票的五檔委賣都掛三位數大單，卻跌不太下去

3.早盤大部分時間委賣都是掛著三位數大單，委買掛單只有一檔三位數其他都雙位數（委賣掛單大於委買很多，但大盤下跌時，這檔股票卻跌不下去，不合邏輯）

　　早上 9：48，在我盯著 22.05 的百張掛單被外盤瞬間吃掉，我馬上設定 22.05 限價委託買進，成交了不少張後，就漲上去了。即使我很有把握也沒有市價追單，設定有把握的價位才能降低成本，分享成交明細供參考。此回交易操作時間 8 分鐘，獲利金額 6,200 元。

---

* 台股每日早上 8：30 到 9：00，就開始有盤前模擬試搓合，讓投資人可以了解當日市場的心態，以及看多看空的趨勢。

圖 57　**2020 年 11 月 2 日，加權指數走勢圖**

圖 58　2020 年 11 月 02 日，大成鋼（2027）走勢圖

商品名稱	委託狀態	交易別	盤別	種類	委託價	委託書號	委託日期	委託時間
大成鋼	全部成交	現股賣出	整股	限ROD	22.45	S-0279	109/11/02	10:06:42.087
大成鋼	全部成交	現股賣出	整股	限ROD	22.4	S-0278	109/11/02	10:06:14.708
大成鋼	全部成交	現股賣出	整股	限ROD	22.35	V-0269	109/11/02	10:05:51.972
大成鋼	全部成交	現股賣出	整股	限ROD	22.25	W-0253	109/11/02	10:04:02.812
大成鋼	部份成交	現股買進	整股	限ROD	22.05	N-0260	109/11/02	09:48:09.741

圖 59　2020 年 11 月 02 日，大成鋼交易明細

第 **5** 章

當沖走入穩定
致勝心法

設定虧損範圍

　　幾年前，我曾經是個操作績效穩定虧損的操盤手。剛接觸當沖時，我被快速獲利的果實所吸引，新手甜蜜期過後，開始無法獲利，陷入虧損大於獲利的循環。

　　我一直努力尋找怎樣能穩定獲利的方法。不過，穩定是最難做到的。雖然我有賺錢的成功經驗，失敗卻令我窒息。每次我在兩、三天內有一筆獲利，但一次的虧損就會賠掉所有的獲利，甚至更多錢。

　　那段時間，我對自己的操作績效非常失望，研究了各式各樣的技術分析與指標運用在當沖上，但績效一樣是虧損，不管是週結、月結都令人失望，當時的我沒想到，如果可以避免一個月有兩、三次的大賠，也許我也有機會可以穩定獲利。

　　英國前首相邱吉爾曾說：「所謂的成功，就是不斷的經歷失敗，卻不減熱情。」

　　之前，我每個月的當沖交易金額8千萬到1億元，這樣的狀況持續一年，過程中也是不斷經歷失敗，績效一直穩定虧損，

但我還是沒放棄當沖。當沖交易是我的興趣，我堅信著有人能穩定獲利，我一定也可以辦到。

我慢慢約束自己，控制好有底線的損失，我開始注意到，把虧損一直控制在我的允許範圍，每天設定虧損金額超過 2000 元就停止當天交易，日復一日，我的自信心增強了，也就是說，當我的虧損一直被控制在我的底線，我的自信就能更多一些，我獲利的日子也會更多一些，形成正向的循環。

慘賠時，心裡會產生害怕，對下單也會是恐懼的，因此會更容易犯錯。

假如他人總能說到做到，我們就可以相信他。同樣地，在成為成功的操盤手之前，總是保持言行一致、有紀律遵守自己的操盤計畫和規定，那麼就越能相信自己。

如果你不能控制自己，那你怎樣採取正確的行為來建立自信？

首先，從控制虧損開始吧！給自己制定一個虧損金額，達到此金額就停止交易。

以當沖的初學者來說，最需要的就是累積實戰經驗，當你能控制好每日的虧損金額，你就能避免大賠並持續練習交易，**把當日虧損金額設定在每個月練習當沖的本金 10 分之 1**，例如你每個月有 2 萬元的本金可以練習當沖，那你一天虧損超過 2,000 元就要果斷休息停止交易。

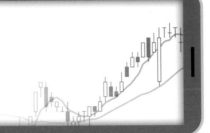

復活的能力

　　短線交易，是最短時間內把一個週期的交易體驗一回。短線交易經過甜蜜期後，操作是相當痛苦的，也會快速體驗人生的酸甜苦辣，正常人的一生遭遇失敗的次數不會太多次，但如果你接觸當沖，而且想靠這個交易賺錢，那你會不斷遇到失敗，失敗了再爬起來，再失敗，再爬起來，日復一日，很多人因此就這樣退出市場。

　　在我的認知裡，復活的能力是相當重要的，尤其對當沖交易而言，很多人在大賠之後要再爬起來相當不容易，牽涉層面很廣，可能是心理層面作祟，也可能回測手法必須調整，或是操作技巧還不熟練等。我認為，當沖遭遇失敗時，如何快速的爬起來，取決於你的交易系統與心理素質。

　　我的交易系統裡，有幾個當沖手法是勝率偏高的手法，當我遇到連續虧損或重賠時，我會自己把交易模式改成高勝率模式：

　　在接近前高時，反彈無力進場放空並快速停利，當五檔、成交明細出現外盤成交單量縮小，某個價位在委買一、委賣一交替

時就有機會出現反轉下殺。

先透過高勝率的打單找回獲利跟信心，這樣才能讓自己的當沖生涯持續下去，沒有人喜歡輸跟賠錢。如果你的當沖交易不順遂，重新審視自己的交易系統，是不是有哪些地方需要做修正？

- **停損的幅度（％）設定太寬**
- **不夠有耐心等待好的進場點位**
- **喜歡追價**

當沖就是必須不斷修正自我，強化自己的心理素質。當你遇到虧損時，你不再害怕，也充滿自信地告訴自己這沒什麼，交易不是每天都能如自己所願，只要用高勝率的操作手法，還是能很快的打回虧損，並且不斷修正往前邁進。

手機當沖高勝率的學習小技巧

審視自己的交易方法是否需要調整：
1. 停損的幅度（％）設定太寬
2. 不夠有耐心等待好的進場點位
3. 喜歡追價

當沖操作的節奏與心境

操作當沖一段時間後，你會慢慢發現情緒的起伏會影響交易。

一個好的操作節奏不管是進場、出場、停損、停利，都會有一定規則，不會受到每一次獲利或是虧損的心境所影響。例如：**操作百元股，進場一定用限價掛在有把握的價位進場，固定 20 萬元倉位不追價，停損 2 個 tick，停利 3 個 tick**，不受前面獲利或是虧損影響操作，長期下來才能穩定獲利。

我在學習當沖的過程中，常常操作節奏不順而大賠，例如：太執著於某檔個股，明明無法獲利卻不認輸重複進場，導致重賠。這時，**以從設定連續虧損筆數達 3 到 5 筆，當天停單或休息一下**，思考一下原因，釐清問題再重新進場。

上一筆或前幾筆至前幾天累計盈虧，影響操作節奏，這是我常遇到學習者無法穩定的另一個原因，常常在交易時思考先前的虧損，想急著獲利而凹單不認輸、想放大倉位導致重賠，或前面的獲利影響之後的操作，心存僥倖（反正還有多少可以賠），而沒有好好執行對的動作，導致賠掉之前的獲利，甚至虧損。

　　這是兩個最常影響當沖操作節奏與心境的原因，學習任何的事物都是熟能生巧，例如日常生活中開車，不管我們當下有沒有相當專注在路面上，我們目光看到紅燈都會反射動作的停下來（即使一心多用），這是本能。

　　如果當沖的操作節奏你也能練到如此（遇到虧損反射動作就停損不凹單），才有機會談穩定，真正的當沖操作是枯燥乏味的，訊號出現就出手，力道不對就出場，日復一日，我們的交易初衷都是為了賺錢，能賺錢才有動力繼續走下去。

▂▄█ 手機當沖高勝率的學習小技巧

練習找到自己的操作節奏：

1. 2 個 tick 就停損
2. 3 個 tick 就停利
3. 固定每天的交易金額，例如：20 萬元
4. 連續虧損 3 ～ 5 筆就休息

杜絕大賺的念頭，
從小單開始

很多人剛接觸當沖時，會被快速的獲利所吸引，而去挑戰高價股或隨意放大張數。

由於高價股很容易重倉，這是因為**輸贏**很大，很符合人性的貪婪，例如：700 元的股票 1 張就是 70 萬元倉位，3 張就是 210 萬元的倉位，你無法選擇 70 萬元以下的倉位，因此很容易把自己曝露在重倉的風險之中。

我認為，在還沒建立扎實的停損動作，就操作高價股，屬於自殺的行為。你可能因為運氣好，大賺一筆，但如果沒有策略，很快就會虧損，甚至大賠畢業離開市場。

由於當沖不需要本金交割，所以很容易會忽略倉位的風險而隨意放大張數，當 20 元的股票你隨意的放大張數到 20 張、50 張，甚至 100 張，一但虧損都是很容易會慘賠的，萬一不小心被鎖漲停、跌停，那後果更是不堪設想。

市場上，有很多當沖的教學老師，甚至有些老師會在某個價位叫你進場，這樣的帶單學習當沖是無法學到自我判斷的操作能

力。我認為，這並無法快速讓你走入穩定，當沖技巧是一回事，紀律又是一回事（紀律需要時間訓練），心理層面又是一回事。找一位真正穩定的操盤手觀摩他的對帳單，向他學習當沖手法、停損、停利，慢慢建立起自己的操作系統，這才是真正學習當沖的過程。

在學習的過程中，從小單開始操作，每一次的進出場倉位不要超過 10 萬元，例如：20 元的股票一次最多進場 5 張、50 元的股票一次最多進場 2 張，以此類推。

杜絕大賺的念頭，一步一步把停損動作練起來，高勝率的當沖手法，就是只要你的停損做的好，是有機會獲利的，等你建立起一段時間的交易系統後，月損益會慢慢從虧損到損益兩平，接著小賺，持續小賺一段時間，你才能慢慢培養起當沖的紀律，再慢慢放大倉位。

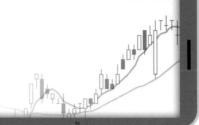

追高、殺低、
五檔掛大單迷思

　　有些短線操作的操盤手會參考 K 線交易，喜歡做拉回不破低點建倉，以 5 分線來看，5 分鐘內的價格浮動範圍是比較大的，如果用 5 分線進場，可能你的第一趟進場價位是 25.5，第二趟的進場價位可能是 28.5，但這樣的成本拿捏對於當沖學習者來說比較困難，如果 5 分線低點的價位是 24，一但跌破 24 陸續停損，那這樣的虧損範圍變很大，因為你的成本是在 25.5 ～ 28.5 附近。但這也是很多主力或專職操盤手常常做的手法。

　　老實說，如果你不是主力，如果你沒有一定的資金，利用 K 線學習當沖是一種高風險，因為這種方式勝率不高，5 分鐘內的漲跌幅動成本較難拿捏，雖然操作得好獲利會很可觀，但勝率不高的情況下，如果遇到不順，連續虧損常常會失去學當沖的信心。

　　那到底追突破（在某個順勢高點或是低點準備進場）能不能做？我認為，如果你的五檔、成交明細有大量的交易經驗和停損有一定基礎是可以做的，如果是我做突破，**停損一定非常果決（力道不對就出場），看成交明細搭配五檔參考做 tick（有獲利即可出場）**是可以做追高殺低，只要你能長期獲利大於虧損，停

損夠規律，做突破也是我的當沖手法之一。

如果你操作當沖有一段時間，你一定在網路上或聽別人說過，五檔掛單越多的，股價走勢就會越往那個方向，但我要跟大家說，這是不一定的，我相信很多人因此吃過苦頭。

我希望各位思考一個問題，一檔股票關鍵價位的五檔委買或委賣掛了大單防守，並不一定大單突破後走勢會繼續，因為大單成交表示有人買也有人賣，看到外盤或內盤大單而去追價的，有時突破後，反轉力道很快又很強，只要一猶豫停損就會虧損，萬一遇到主力出貨，反轉不回頭就是直接重賠了。

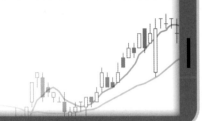

如何克服心魔？

我認為，心魔是多數人讓當沖操作無法穩定獲利的障礙。

在你學習當沖，實戰了一段時間，當你掌握了一些當沖方法或上課學到一些當沖手法，你開始日復一日地操作，你可以連續獲利好幾天，當你做了一段時間發現方法好像是可行的，進出場有依據，但月結或週結還虧損。為什麼？

我想跟各位做個實驗：

實驗一　如果你現在有兩個選擇：

1. 有 100％機會得到 1 萬元

2. 有 80％機率不會賺錢，但有 20％機會得到 5 萬元

你會選擇 1 還是 2 呢？你是不是會選擇 1，因為 2 有 80％機率不會賺錢，你應該不會願意冒著個風險。

實驗二　如果你現在一樣有兩個選擇：

1. 有 100％機會虧損 1 萬元

2. 有 80％機率不會虧錢，但有 20％機會虧損 5 萬元

你會選擇 1 還是 2 呢？ 你是不是會選擇 2，因為 2 有 80％機率不會虧錢，你會寧願賭一把。

如果你的選擇都跟我實驗的結果一樣，是合理的，這就是為什麼多數人都是賺小賠大的人性，虧損金額往往大於獲利金額。

獲利時，小賺就想跑，其實應該要參考一下盤勢，可以留個小倉放大獲利；但虧損時會想凹單，捨不得虧損，尤其壓重倉時會更想凹單，捨不得停損，這就是心魔，讓你無法克服，無法做好當沖。

在連續虧損時，應該停下來想一下，下一筆交易謹慎入場，不要重倉，停損需要不斷練習，不斷的累積盤感。

當沖交易什麼事情都有可能發生，沒有一定贏的局，凡事想好退路，不要亂押滿。

最後，我要再次提醒，當沖很難，市場上玲瑯滿目的當沖課程，有程式交易、K 線當沖、日均線當沖、tick 流、指標當沖……，但**真正能讓你賺到錢走向穩定的，往往是你的內心而不是那些招式**，心魔很難很難克服，它會一直都在，不管你在哪一個階段。

如何減少讓心魔來襲？我提供兩個技巧：

1.不要隨易重倉

2.不要隨易加碼

　　如此一來，凹單與瘋狂交易的心魔就會減少來找你，若無法突破，就放慢腳步，讓時間證明你適不適合當沖。

ıllıl 手機當沖高勝率的學習小技巧

克服心魔的方法：

1. 虧損時，不要捨不得，要遵守紀律，一到虧損條件就果斷出場

2. 獲利時，不要小賺就跑，可觀察盤勢，再視情況停利

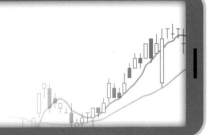

設定獲利金額

在短線交易的領域，每一年都有新面孔，每一年都不斷有人想進來掏金，也有人從此畢業。

很少人可以在不經歷破產或接近放棄邊緣，還能把短線交易做好。如果你想當那少數人，那你必須避免大賠，然後珍惜小賺小賠。

人總是要經歷過一些事才會下定決心改變，才會知道賺錢的辛苦。目前在台灣的就業市場，要找到一份一天 8 小時薪水超過 2,000 元的工作，是非常難的事。但很多人卻想用一天操作一到兩個小時的當沖來大賺？怎麼想都不合邏輯。

當你看清楚短線交易的艱難時，大多數的人都已經畢業了，因為用了錯的方式學當沖。

貪心和不甘心一直是當沖很難克服的問題，不管你當沖手法勝率多高，還是有失敗的機率，更何況短線是無法預測的交易，所以當你一天獲利金額達到一定的數字時，請勇於選擇休息，貪心往往會讓你獲利回吐，甚至倒賠。

如果你的習慣是一次交易金額就是 10 萬元，一筆操作完，才進行下一筆。而你的獲利率約 0.5 ％，一天獲利金額要達到 1,000 元，這樣要連續贏三次以上，才能達到這個金額，當沖要連續贏三次機率已經不高了，更何況還沒把虧損算進去。

所以當你的交易金額約 10 萬元，獲利達到 1,000 元時，請果斷休息吧，因為繼續操作而獲利的機率不高，甚至可能會倒賠。

如果你的交易金額約 20 萬元，獲利 2,000 元時，請果斷休息；交易金額 30 萬元，獲利金額 3,000 元時，請果斷休息……以此類推。

如果你是正在學習當沖或是獲利還不是很穩定，也許可以設定每日獲利金額，然後適時休息放鬆，你的操作生涯也許能拉長，拉長操作生涯就更有機會穩定了。

見好就收，一直是很多散戶做不到的事，每個人對於自己的獲利滿足感不同，這取決於很多客觀的因素（資金、操作模式、可容許虧損範圍、當日心情……），有些人可能賺 500 元或 1,000 元就滿足，有些人可能賺 5,000 元或 10 萬元還覺得不夠。

如果你的當沖交易常常失控，設定好自己的獲利與虧損容忍範圍，才能慢慢學會如何控制自己，能在贏的時候適時退場，才是真正贏家。

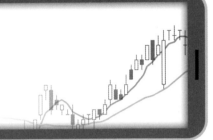

避免重賠

我建議，從事當沖交易，要很嚴謹的審視過自己的對帳單，把一整個月攤開來看，計算日勝率有多少，再往下審視一天內的出手次數勝率有多少，算出賺賠比率。就可以看出自己是屬於以下哪兩種：

1.高勝率、低報酬

2.不太高的勝率，但高報酬

最後，回歸到月結算或短到週結算是否獲利，如果長期月結或週結都無法為正數，是否有從中發現問題，如果能控制好虧損也許有機會能把損益轉正。我知道避免重賠是當沖一個老生常談的議題，但我想分享實際上可以執行幾個操作模式：

避免重複操作做不贏的股票

當某檔個股進場後，虧損出場會讓人很想繼續操作，把剛剛的虧損追討回來，但往往導致重賠，這也是人性，越打不贏的局

就會越想要贏回來，當你重複進場某檔個股三次都失敗，請果斷遠離或刪掉，因為現股當沖標的何其多，何必單戀一支股呢？

設定單筆虧損金額和單日虧損金額

前文提到，設定虧損金額是當沖邁向穩定獲利很重要的策略，當你的虧損到無法承受的程度時，心理壓力會直接影響你之後的操作，嚴重的話甚至會直接退出市場。給自己設定一個門檻，單筆操作虧損到一定程度，請果斷停損不要凹單；單日操作虧損到一定的程度，也請果斷休息。

不輕易加碼

在短線交易上，加碼一直是一個雙面刃高難度的藝術，很多人在面對自己的交易時，一加碼交易就會開始不順，這是很難突破的門檻，如果你對於自己的停損還不是很有信心，自己的進場點、加碼點還不是很會拿捏，請不要輕易做加碼的動作，不加碼對於短線交易的順暢度會提高很多，往後有機會我再深度探討加碼的藝術。

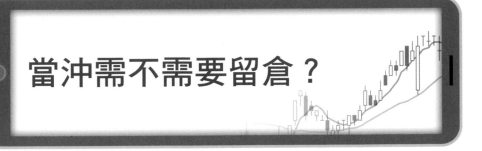

當沖需不需要留倉？

在我的當沖交易穩定獲利後，我極少留倉，只有兩種情況我才會考慮留倉：

1.做多的標的鎖漲停，隔天很有機會再賺到一小段漲幅。

2.放空的標的鎖跌停，隔天很有機會再賺到一小段跌幅。

然而，操作經驗不足的散戶常常會遇到不小心留倉的問題，大部分自己摸索短線交易的散戶都是從做多開始練習的，尤其是追買強勢股。當你做多的標的突然反轉時，加上停損紀律不夠好的人，就會不甘心看著股價往反方向走，但捨不得停損，最終變成留倉。

如果你有以下三種狀況，盡量不要留倉（最好完全不要）：

1.你的當沖生涯月損益還沒有開始獲利

2.你的當沖生涯還沒超過一年

3.當沖初學階段

所有能說服你留倉的分析，如技術分析、指標、基本面、消息面……全部都不是理由，只有損益才是真的。當沖是短線交易，持有的理由與時間成本和波段操作不一樣，從一開始進場當沖的停損範圍就會抓的比波段還要小，如果你常常在思考這次要當沖還是留倉，那你的停損價位就會不斷的改變，沒有一致性的停損規則，最後換來的只是不穩定的操作。

也許你曾經留倉最後凹到賺錢過，但長期下來一定會虧錢，人性會慢慢侵蝕掉你的本金直到歸零，你才有可能會恍然大悟，你才有可能會願意改掉虧損留倉的惡習。

如果你打從心裡就是只想做當沖的話，那就把停損訓練到不猶豫，把虧損留倉的動作徹底根除，這樣當沖就離穩定又更前進一步了。

至於當沖與波段交易能不能同時進行，作者的建議是當沖與波段的操作帳戶要分開，一個帳戶專門做當沖交易，另一個帳戶則拿來做波段交易，這樣盤中在進出場時才不會導致錯亂。

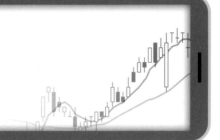

正循環

　　在學習當沖沒多久或還未滿一年的人，最難突破的一道牆就是「月損益轉正」，這是當沖走入穩定必須突破也是最關鍵的基本條件。

　　很多人在學習當沖的訓練階段，會嘗試很多種方法尋找自己的交易勝盃，但在尋找勝盃的過程中，往往經歷過幾次大賠，就會失去交易信心，而心生倦怠想離開市場。

　　如果你能掌握到正確的當沖訓練方式，等於是比別人先拿到基本的入場券，但拿到入場券之後呢？真正的磨練才正要開始，有紀律的操作，並要求自己改變是磨練的必備技能。

　　你慢慢會發現自己好像週結算已經常常轉正，接下來就是最難的月結算了，月結算之所以難，是因為還考驗著你的穩定度。

　　把你的日交易損益攤開來看，甚至是一天內的每筆交易，你會發現影響你月結無法轉正的根本原因是因為凹單大賠，或是重倉大賠，大賠之後的隔天常常會失去信心不敢交易，甚至開始連續小賠。如果你想讓自己的月損益轉正讓交易進入一個正循環，

我分享一個方法：

把日虧損控制在 4 到 5 倍日獲利以內。也就是說，如果你日獲利平均大概是 1,000 元，那你的日虧損如果達 4,000 到 5,000 元，當天就一定要果斷停止交易。有方法的操作要連勝 4 到 5 天是有機會的，但如果大賠超過這個倍數，那這個月損益要轉正就非常困難了。

如果你已經有自己的交易系統，但操作還不是很穩定，不妨嚴格執行控制虧損，你會慢慢發現月損益突然轉正了，在月損益轉正之後，就是尋求接下來每個月的損益，都能盡量保持獲利，這樣的當沖操作就會慢慢的進入正循環，進入了正循環再慢慢累積更多資金，如果想要慢慢放大獲利，也不要輕易改變既有的操作模式，從可容忍的倉位逐步放大，例如：10 萬元的倉位操作當沖穩定獲利長達半年，可以把倉位調整成 15 萬元操作一段時間驗證，這樣的正循環當沖學習週期，才會是按部就班的成長。

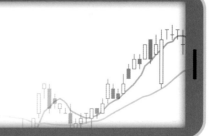

減少意外發生

多數短線交易穩定的交易者經過市場淬煉，他們已經知道要在市場上長期生存最重要的一點就是「穩定」。要達到穩定有一個先決條件，就是減少「意外」的發生。

我把短線交易的意外分成兩種：

細心與熟練度的意外

細心與熟練度的意外，是可以透過訓練與時間累積，慢慢養成減少發生機會。

你是否有曾經買到不能當天賣出的股票？

你是否有過以為已經結束交易了收盤後，卻發現還有庫存？

你是否有時候買進或賣出會不小心按錯？

你是否常常一開盤就開始手忙腳亂不知道要做哪一檔？

以手機當沖來說，我在當沖一檔股票時，會先看一下是不是

可以雙向當沖，在進行交易時，雖然我會關掉所有成交的提醒，但有一點很重要，當我結束一趟的交易我會進去庫存再做一次檢查，當天結束交易要關掉 APP 之前，我會再檢查一次庫存。

至於操作的熟練度，就需要時間慢慢練習累積了（減少買進賣出按錯的機率）。

最後一點，一開盤不知道要做哪一檔，這個問題我常常被問到，如果你也是用一支手機當沖兼職，那你可以到我的教學頻道觀看我是怎麼進行交易的，也許你會重新找到自己當沖的熱情。

高風險操作的意外

有些交易者喜歡在某些高風險的特殊情況下進場，例如：

- 漲停鎖死被內盤大單敲開後，放空
- 跌停鎖死被外盤大單敲開後，做多
- 漲超過 7％以上的股票，放空
- 跌超過 7％以上的股票，做多
- 操作成交量低於 1,000 張股價、低於 50 元的股票
- 操作股價超過 300 成交量、少於 500 張的高價股

這部分的看法會比較兩極，我提出我的看法，由於當沖要穩定就要減少意外發生，如果你的短線交易停損動作並沒有這麼果決，我建議以上的情形你盡量少操作，一發生意外絕對都是大賠收場。

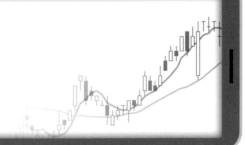

結語

當沖做得好，
生活不會差

　　2018 年 11 月，我開始在 PressPlay 平台開創了手機當沖教學，至今兩年多遇到了各式各樣的學生，也常常看到一些學生很像以前的自己，對當沖充滿熱情且不放棄的學習精神，讓我更加堅信自己的教學不能放棄，幫大家減少我走過的艱辛學習過程，因為不一定每個人有我這樣的遭遇，還能不放棄當沖，還能堅持到走入穩定獲利的階段。

　　2021 年 1 月 7 日，在 YouTube 直播講解手機當沖，有一位讀者問我：「最近台股比較熱，成交量比以往都高，他的當沖操作最近比較好操作也獲利了不少，但如果之後成交量下降，比較沒有波動，會不會就不好操作了。」

　　我的 5 年當沖生涯經歷過不少次台股的高低起伏週期，在穩定獲利持續了三年期間，大盤的成交量並不會影響我的穩定操作，因為每個時期都一定會有資金流向的族群，例如：某個時期可能是金融股熱門、某個時期可能是光學族群熱門、某個時期可

能是被動元件族群熱門……。當沖交易只要針對熱門且有成交量的標的操作，每天都有機會穩定獲利。

對我而言，當沖交易是一個低風險的金融交易操作，不用承受留倉過夜的風險，也不必每天提心吊膽自己的股票漲跌。我把當沖交易當作是一項工作、一門學問、一個興趣，用正確的心態去學習，希望人人都有機會接觸並了解。

我曾經跟一位學生說過：「當沖做得好的人，生活過得不會太差。」

因為**短線交易是一門不斷認錯的學問**，你一天可能會一進一出，完成好幾趟的交易，如果連續三趟都是虧損，那等於是你連續認錯了三次，連續承認自己失敗了三次。人性往往不喜歡面對挫折和挑戰，當你能處之泰然地面對自己的失敗而不斷修正，你的人生也會不斷成長和進步。

這幾年的穩定當沖，也讓我自己的情緒更加穩定，生活也隨之越來越好。

附錄

各個股價獲利 檔數統整表

　　圖 60 是我整理各個位階股價，在當沖操作下各個手續費折數，跳幾檔可以獲利的統整表：

Jasper 手機當沖		不同折讓下 多少檔可以停利(無條件進位)				
		2折	3折	4折	5折	6折
股價	跳動點	檔數	檔數	檔數	檔數	檔數
1000~1050	5	1	1	1	1	1
950~1000	1	3	3	3	3	4
900~950	1	2	3	3	3	4
850~900	1	2	3	3	3	3
800~850	1	2	3	3	3	3
750~800	1	2	2	3	3	3
700~750	1	2	2	2	3	3
650~700	1	2	2	2	3	3
600~650	1	2	2	2	2	3
550~600	1	2	2	2	2	2
500~550	1	2	2	2	2	2
450~500	0.5	3	3	3	3	4
400~450	0.5	2	3	3	3	3
350~400	0.5	2	2	3	3	3
300~350	0.5	2	2	2	3	3

250~	300	0.5	2	2	2	2	2
200~	250	0.5	2	2	2	2	2
150~	200	0.5	1	1	2	2	2
100~	150	0.5	1	1	1	1	1
90~	100	0.1	3	3	3	3	4
80~	90	0.1	2	3	3	3	3
70~	80	0.1	2	2	3	3	3
60~	70	0.1	2	2	2	3	3
50~	60	0.1	2	2	2	2	2
40~	50	0.05	3	3	3	3	4
30~	40	0.05	2	2	3	3	3
20~	30	0.05	2	2	2	2	2
10~	20	0.05	1	1	2	2	2
0~	10	0.01	3	3	3	3	4

圖 60　股價獲利檔數統整表

memo

翻轉學 翻轉學系列 054

【圖解】最高勝率手機當沖

一支手機 5 分鐘操作，勝率高達 85％的技法，股市天天都是你的提款機

作　　　者	劉家誠（Jasper）
總 編 輯	何玉美
主　　　編	林俊安
封 面 設 計	FE 工作室
內 文 排 版	黃雅芬

出 版 發 行	采實文化事業股份有限公司
業 務 發 行	張世明・林踏欣・林坤蓉・王貞玉
國 際 版 權	施維真・王盈潔
印 務 採 購	曾玉霞
會 計 行 政	李韶婉・許俰瑀・張婕莛
法 律 顧 問	第一國際法律事務所　余淑杏律師
電 子 信 箱	acme@acmebook.com.tw
采 實 官 網	www.acmebook.com.tw
采 實 臉 書	www.facebook.com/acmebook01

I S B N	978-986-507-278-0
定　　　價	350 元
初 版 一 刷	2021 年 3 月
初版十二刷	2024 年 5 月
劃 撥 帳 號	50148859
劃 撥 戶 名	采實文化事業股份有限公司
	104 台北市中山區南京東路二段 95 號 9 樓
	電話：(02)2511-9798　傳真：(02)2571-3298

國家圖書館出版品預行編目資料

【圖解】最高勝率手機當沖：一支手機 5 分鐘操作，勝率高達 85％的技法，股市天天都是你的提款機 / 劉家誠（Jasper）著 – 台北市：采實文化，2021.03
168 面；17×23 公分 . --（翻轉學系列；54）
ISBN 978-986-507-278-0（平裝）

1. 股票投資 2. 投資技術 3. 投資分析

563.53　　　　　　　　　　　　　　　　110001304

采實出版集團
ACME PUBLISHING GROUP

圖解 最高勝率

手機當沖

一支手機 5分鐘 操作，勝率高達 85% 的技法，

股市天天都是你的提款機

翻轉學　**翻轉學系列**專用回函

系列：翻轉學系列054
書名：**【圖解】最高勝率手機當沖**

讀者資料（本資料只供出版社內部建檔及寄送必要書訊使用）：

1. 姓名：

2. 性別：□男　□女

3. 出生年月日：民國　　　　年　　　　月　　　　日（年齡：　　　　歲）

4. 教育程度：□大學以上　□大學　□專科　□高中（職）　□國中　□國小以下（含國小）

5. 聯絡地址：

6. 聯絡電話：

7. 電子郵件信箱：

8. 是否願意收到出版物相關資料：□願意　□不願意

購書資訊：

1. 您在哪裡購買本書？□金石堂　□誠品　□何嘉仁　□博客來
　　□墊腳石　□其他：＿＿＿＿＿＿＿＿＿＿＿（請寫書店名稱）

2. 購買本書日期是？＿＿＿＿年＿＿＿＿月＿＿＿＿日

3. 您從哪裡得到這本書的相關訊息？□報紙廣告　□雜誌　□電視　□廣播　□親朋好友告知
　　□逛書店看到　□別人送的　□網路上看到

4. 什麼原因讓你購買本書？□喜歡商業類書籍　□被書名吸引才買的　□封面吸引人
　　□內容好　□其他：＿＿＿＿＿＿＿＿＿＿＿＿＿＿＿＿（請寫原因）

5. 看過書以後，您覺得本書的內容：□很好　□普通　□差強人意　□應再加強　□不夠充實
　　□很差　□令人失望

6. 對這本書的整體包裝設計，您覺得：□都很好　□封面吸引人，但內頁編排有待加強
　　□封面不夠吸引人，內頁編排很棒　□封面和內頁編排都有待加強　□封面和內頁編排都很差

寫下您對本書及出版社的建議：

1. 您最喜歡本書的特點：□實用簡單　□包裝設計　□內容充實

2. 關於商業管理領域的訊息，您還想知道的有哪些？
＿＿＿＿＿＿＿＿＿＿＿＿＿＿＿＿＿＿＿＿＿＿＿＿＿＿＿＿＿＿＿＿＿＿＿＿
＿＿＿＿＿＿＿＿＿＿＿＿＿＿＿＿＿＿＿＿＿＿＿＿＿＿＿＿＿＿＿＿＿＿＿＿

3. 您對書中所傳達的內容，有沒有不清楚的地方？
＿＿＿＿＿＿＿＿＿＿＿＿＿＿＿＿＿＿＿＿＿＿＿＿＿＿＿＿＿＿＿＿＿＿＿＿
＿＿＿＿＿＿＿＿＿＿＿＿＿＿＿＿＿＿＿＿＿＿＿＿＿＿＿＿＿＿＿＿＿＿＿＿

4. 未來，您還希望我們出版哪一方面的書籍？
＿＿＿＿＿＿＿＿＿＿＿＿＿＿＿＿＿＿＿＿＿＿＿＿＿＿＿＿＿＿＿＿＿＿＿＿
＿＿＿＿＿＿＿＿＿＿＿＿＿＿＿＿＿＿＿＿＿＿＿＿＿＿＿＿＿＿＿＿＿＿＿＿

翻轉學

翻轉學

翻轉學

翻轉學